목적대로
쓰임**받는**

크
리
스
천

목적대로
쓰임**받는**
크
스
천

지 은 이 | 강덕영
펴 낸 이 | 김원중

기   획 | 김재운
편   집 | 김주화, 심성경
디 자 인 | 박선경, 허민희
제   작 | 허석기
관   리 | 차정심
마 케 팅 | 박혜경

초판인쇄 | 2015년 4월 15일
초판발행 | 2015년 4월 20일

출판등록 | 제313-2007-000172(2007. 08. 29)

펴 낸 곳 | 상상예찬 주식회사
          도서출판 상상나무
주   소 | 경기도 고양시 행주산성로 5-10
전   화 | (031) 973-5191
팩   스 | (031) 973-5020
홈페이지 | http://www.smbooks.com

ISBN   979-11-86172-06-3 (03230)

값 10,000원

* 잘못된 책은 바꾸어 드립니다.
* 본 도서는 무단 복제 및 전재를 법으로 금합니다.

국민일보 미션라이프 인기연재칼럼

목적대로
쓰임 받는

크리스천

강덕영 지음

상상나무

하나님이 원하시는 삶

국민일보 인터넷 사이트 '미션라이프'에 신앙칼럼을 연재해온 지 벌써 4년이 훌쩍 지났다. 그동안 쓴 칼럼이 120편에 육박하고 이렇게 모인 글로 세 번째 칼럼집이 나오게 되었다.

글로벌 회사를 운영하는 CEO로서 늘 시간에 쫓기는 입장이다. 그런데 하나님께서 글 쓰는 사명까지 주시고 일간지에 연재를 맡기시니 쓰지 않을 도리가 없다. 더구나 독자들이 늘어나면서 글이 오랫동안 올라오지 않으면 왜 글을 쓰지 않느냐고 항의성 연락을 해 오기에 아무리 힘이 들어도 펜을 잡게 된다.

나는 주로 조용한 회사 연수원을 찾아 글을 쓴다. 가만히 생각해 보면 이 시간이 나에게 신앙을 점검하고 되짚어 보는, 또 다른 의미의 쉼이자 기도시간이 아닌가 싶어 하나님께 감사드리게 된다.

하나님은 당신의 목적대로 우리 인간 하나하나를 지으셨다. 그러므로 창조자인 하나님의 지으신 목적대로 살아가는 것이 최상의 행복이며 인생의 정답이다. 그런데도 인간은 자기가 잘 났다고 곁길로 빠지고 엉뚱한 데에서 헤매다 실패를 맛보곤 한다.

그러므로 하나님이 우리를 어떤 목적으로 이 세상에 내보내셨는지를 발견하고 그 뜻대로 살아가야 한다는 마음에서 이 책에 '목적대로 쓰임 받는 크리스천' 이란 제목을 붙였다. 하나님께서 우리 각자에게 다르게 원하시는 삶이 바로 목적대로 쓰임 받는 삶일 것이다.

이번 칼럼집도 우리의 삶 속에서 발생하는 여러 가지 소재를 바탕으로 신앙의 중요성과 참된 믿음의 가치를 발견해 나가는 글들로 묶여 있다. 다소 주관적이고 보수신앙이 너무 강하다고 여길 분도 계시겠지만 나의 오랜 신앙생활에서 나온 생각들인 만큼 독자들이 충분히 이해해 주시리라 믿는다.

이렇게 신앙칼럼을 꾸준히 쓴 것이 계기가 되어 올해 한국크리스천문학가협회 수필 부문 수상자로 정식 등단까지 하게 되었다. 이제 문인으로 문서선교의 사명까지 하나님께서 각인시킨 것이라 믿고 더 열심히 글을 쓰지 않을 수 없게 되었다.

책을 만드느라 수고해준 상상나무 김원중 사장님과 편집진들, 매번 삽화를 정성껏 그려주시는 조대현 화백님께 고마움을 전하며 나 역시 하나님께서 지으신 목적대로 쓰임을 받도록 더욱 노력하고 또 기도하고자 한다.

2015년 4월

강덕영

제2부 삶과 신앙을 일치시키라

제3부 성경의 가르침대로 살아가라

제4부 감사와 기도로 승리하라

제 **1** 부

믿음의
반석을 세우라

> 내 얼굴을 보고 예수를 믿는 사람이 생기는, 예수님을 닮아가는 모습이 되어야 하지 않겠느냐는 생각이 든다. 믿음과 행함이 함께하는 단계로 신앙 목표를 세워야겠다.

이때가 위기이자 기회다

목표를 높게 설정하고 실천하는 것은 정말 어려운 일이다. 높은 목표는 자의가 아닌 타의에 의해서 잡게 되는 경우도 많다. 그때가 바로 위기이면서, 한 단계 더 성장할 수 있는 기회가 되기도 한다.

나 역시 그런 때가 있었다. 제약회사 영업사원으로 근무하던 때였다. 주변에서 인정받고 승진도 보장되어 있는 안정된 근무 환경에서 일하다, 무작정 회사를 그만두고 의약품 도매상을 차렸다. 여직원 한 명과 함께 새로운 사업을 시작했는데, 당시는 나 자신이 정말 한심하게 느껴졌다.

그로부터 몇 년이 지난 뒤, 이제 제약회사를 경영해보자는 생각에 도매상을 정리했다. 그때도 무척 힘이 들었고 고통스러웠다. 제약회사를 차리고 몇 년 더 지나자 이번에는 정부가 제시한 새로운 가이드라인에 따라 신규 공장을 짓고 규정에 맞춰 설비를 다시 갖춰야 했다. 너무나 큰 투자 규모 때문에 회사가 존폐의 위기를 맞을 정도로 힘에 부쳤다. 하지만 힘겹게 생산 시설을 갖추고 나니 회사가 급성장을 해 미국, 베트남, 이집트에 공장을 짓고 세계적인 기업으로 도약하는 기초를 닦을 수 있었다.

이제 다시 큰 변화의 바람이 분다. 최근 식약처가 PIC/S(의약품실사상호협력기구)에 가입한 것이다. 이는 국내 제약사들이 국제 가이드라인 수준에 맞춰 모든 생산 기술과 설비의 수준을 다시 끌어올려야 한다는 뜻이다. 한국의 OECD 가입과 비견될 정도로 제약 분야에서는 중요한 사건이다.

이제는 미국 수준의 시설과 기술을 갖추지 않으면 도태되는 시점에 이르렀다. 무엇보다 수백억 원의 투자를 하지 않으면 안 된다. 그러나 이것을 극복하고 나면 세계 시장이 활짝 열린다. 불평만 할 것이 아니라 한번 도전해서 고용과 수출을 늘려야 한다. 성경에서 말씀하시는 '장막의 끈'을 넓혀야 하는 것이다. 한국의 제약 기업이 세계 신진국 수순으로 올라서는 것이다.

성경은 무한한 도전을 두려워하지 말라고 말씀하신다. 하나님이 함께하신다는 말씀을 믿고 그대로 행하면 하나님이 이루어주신다고 약속하셨다. 물론 기업이 하나님의 뜻에 따라 운영되고 쓰여야 한다는 조건에서다. 하나님의 뜻에 부합하는 일에는 하나님이 반드시 동행하실 것이라는 약속을 믿는다면, 모든 일이 쉽게 풀리고 근심 걱정을 하지 않아도 될 것이라 생각한다.

신앙의 목표도 마찬가지다. 이제 '교회를 섬기는 신앙'에서 '하나님을 섬기는 신앙'으로 목표를 높여야 한다는 생각을 해본다. 초신자일 때는 '교회를 섬기는 것'이 합당한 신앙이다. 그러나 이제는 '젖을 먹는 신앙'에서 '밥을 먹는 신앙'이 되었다. 좀 더 높은 목표를 세워야 하는 것이다. 그리스도를 믿음으로써 우선 구원을 받았다. '의화'를 이룬 것이다. 이제는 '성화' 단계에 깊이 들어가 예수님을 닮고 그 열매를 맺는 단계에 들어서야 한다.

내 얼굴을 보고 예수를 믿는 사람이 생기는, 예수님을 닮아가는 모습이 되어야 하지 않겠느냐는 생각이 든다. 믿음과 행함이 함께하는 단계로 신앙 목표를 세워야겠다.

행함이 없는 믿음은 죽은 믿음이다. 영혼이 없는 육체는 죽은 것처럼 행함이 없는 믿음은 죽은 믿음이라는 야고보 사도의 말씀을 이루는 단계로 신앙 목표를 세워야 한다.

교회 생활도 잘 하지만, 크리스천으로서 사회에서 빛과 소금의

역할을 하는 단계로 신앙의 성숙을 가져와야겠다고 다짐해본다. 기도 시간을 늘리고, 성경 보는 시간을 늘리고, 봉사도 늘리는 등 모든 신앙 목표를 높이지 않으면 하나님이 원하시는 열매를 내지 못할 것이다.

무화과나무가 예수님이 원하시는 열매를 맺지 못해 말라죽는 것처럼, 나 자신도 열매를 맺지 못해 마지막 심판 때 부끄러움을 당하는 일이 없어야겠다고 생각한다.

신앙의 목표를 높이고 성숙한 크리스천의 모습을 그려보지만 실천하기는 정말 어렵다. 내 능력의 한계를 느껴 성령 하나님께 "지혜를 주시옵고 모든 생각과 입술을 주장하여 주시옵소서"라고 기도한다. 쉽게 실천되지 못함을 정말 부끄럽게 생각한다.

그러나 높은 목표를 세우고 기도하면 신앙의 성숙이 올 것을 확신하면서, 오늘도 높은 목표를 향해 노력하련다.

기독교가 위기일 때 조그마한 빛이라도 발하는 좋은 크리스천이 되도록 기원해본다. 성령 하나님의 동행하심을 간절히 기도한다.

라면학을 통해 깨닫는 경영학과 신학

우리 회사의 연구소장이 이런 이야기를 한 적이 있다.

"사장님, 약을 만든다는 게 그렇게 쉬운 일이 아닙니다. 라면을 한 개 끓일 때에는 물의 양을 조절하기가 쉽지만, 라면 열 개를 끓일 때에는 끓이는 방법도 물의 양도 완전히 달라집니다. 그래서 연구가 필요하고 기술이 필요한 겁니다."

라면 한 개를 끓일 때의 기술과 열 개를 끓일 때의 기술은 완전히 다르다는 얘기였다.

경영학 교수가 정년퇴임을 하고 사업을 시작해 큰 회사를 만들어 돈을 많이 벌었다는 소식은 별로 들어본 적이 없다. 학문과 실제 경영은 그만큼 다른 것을 보여준다. 그러나 경영학을 모르고 사업을 잘 한다는 사람도 어느 정도 회사 규모가 커지면 학문적 지식 없이는 성장하지 못하고 정체되는 경우가 많다고 한다.

그래서 경영학은 길을 가르쳐주고 방법을 제시한다. 그러나 그 길은 대개 큰 기업을 경영할 때 필요한 방법인 경우가 많다. 작은 사업을 할 때에는 부지런하고 악착같은 근성만 있어도 성공하는 경우가 대부분이다.

목회자의 경우 신학교에서 주로 공부하는 과목은 신학이다. 신학이라는 학문은 교인들에게 영향을 크게 미친다. 그런데 인본주의 신학을 교인들에게 전파할 경우 신앙심에 어떤 영향을 미칠지는 미지수이다.

교인들이 원하는 것은 신학보다는 성경 말씀이다. 그 말씀이 그립고 그 말씀에 감동을 받는 것이다. 하나님의 말씀이 우리의 심령에 변화를 주고 우리를 구원에 이르는 길로 인도한다. 그 말씀이 곧 교회에 나가는 이유가 된다.

내가 신학대학원의 이사장을 지내는 동안 정말 안타까웠던 점이 하나 있다. 그것은 성경 과목에 대한 수업 시간이 너무 적다는 것이었다. 그래서 성경을 더 많이, 더 깊게 가르치면 좋겠다는 생각을 하게 되었다. 지금 같은 정도로만 성경 교육이 이루어진다면 신학생이 목회자가 되어 목회 현장에 나갔을 때 그 깊은 성경 말씀을 얼마나 잘 전달할 수 있겠는가 하는 생각이 들었기 때문이다.

그래서 타 신학교들의 교과 과목을 알아본 적이 있다. 모두 비슷했다. 대학도 비슷했고 대학원도 비슷했다. 진짜 중요한 과목을 오히려 소홀히 교육하고 있다는 생각이 들었다. 그런데도 신학생이 학교를 졸업하고 목사님이 되면 본인도 성경을 모두 안다고 생각하고 교인도 그렇게 믿는다.

경영학 교수가 실제 경영을 해서 사업에 성공하는 경우가 적듯이, 신학만 열심히 공부해 박사 학위를 받는다고 해서 하나님 사역에 성공한다고 확신할 수는 없다. 목회자는 성령을 받고 뜨거운 사명감을 가져야 한다. 더불어 성경 말씀에 깊이 들어가 그 말씀을 이해하고 체험해야 한다. 그리고 말씀에서 지혜를 얻어 그 말씀을 전해야 한다. 그냥 성경 말씀만 가르친다면 교인들에게 어떤 감동이 전해지겠는가.

성경을 알고 가르치는 것은 쉬워도 그 말씀을 내 것으로 받아들여서 전하기는 쉽지 않다. 말씀을 진심으로 받아들여 전할 때 비로소 교인을 하나님의 자녀로 만들 수 있지 않을까. 하나님을 주인으로 모시고, 예수님을 유일한 구세주로 받아들이고, 우리는 그의 영광을 위해 같이 행하는 공동체임을 교인들이 공감한다면, 힘

목적대로 쓰임 받는 크리스천

있는 교회와 진정한 크리스천이 되어 빛과 소금의 역할을 할 수 있다고 생각한다.

오늘도 성령 하나님이 나와 동행하시고 나를 감찰하시며 내 언행을 인도하신다는 확신을 갖는다면 어려운 세상을 쉽게 이겨내며 살 수 있다는 생각을 해 본다. 그리고 이 믿음으로 인해 하나님께서 섭리하시고 보호하시는 여러 증거들을 기억해낼 때, 감사와 순종의 기도가 넘치는 것을 느낀다.

목사님과 장로님께 순종하는 것이 아니라 하나님과 예수님께 순종해야 한다는 어느 집사님의 이야기가 생각난다. 그의 생각이 백 번 옳다. 목회자와 장로들이 우선 하나님의 말씀에 순종하고, 성도에게 겸손하며, 교인들을 동역자로 여겨 존중해주면 좋겠다는 교인들의 이야기를 들었다.

천주교는 사제주의가 강해서 신부가 죄를 사해주고 성도 위에 군림하지만, 기독교는 만민 제사장이라는 점에서 천주교와 구분된다. 기독교의 기본 정신을 다시 한 번 생각해본다. 그리고 존경받는 목회자와 존경받는 교인이 하나 될 때 하나님의 말씀이 우리 생활 속으로 들어온다는 것을 잊지 말자.

오늘도 성령 하나님의 동행을 감사드리고 그 말씀에 순종을 다하겠다는 다짐의 기도를 드린다.

그의 역사(His Story), 그의 전쟁

어느 날 아침, 문득 성경에 대한 강한 의구심이 생겼다. 여호수아서를 읽던 중이었다.

가나안 땅의 모든 백성이 평안히 살고 있는데 느닷없이 쳐들어가 그 백성을 죽이고 심지어 어린 아이와 짐승까지 몰살시키며, 그 성읍을 불태우고 재물은 모두 빼앗는 장면이었다. 우리의 도덕심과 이성으로는 이해가 안 되는 내용이었다.

나는 이것을 통해 이루어 가시려는 하나님의 뜻이 무엇인지를 구했다.

"하나님, 이스라엘 정복의 뜻이 무엇입니까. 저는 도무지 이해가 되지 않습니다. 깨달음을 주시옵소서."라고 기도를 드렸다. 정말 이해하기 힘든 내용이었다.

침략한 국가의 땅을 제비 뽑아 나누어 갖는 것에 어떤 뜻이 담겨 있는지는 모르겠으나, 하나님의 숨겨진 뜻이 분명히 있다는 생각을 가지고 창세기부터 차근차근 정리해보았다.

하나님이 인간인 아담과 이브를 창조하셨다. 하지만 사탄은 그들이 하나님 명령을 거역하게 하여 그들을 하나님으로부터 빼앗아 갔다. 그들은 죄로 말미암아 사탄의 자식이 되었고, 이 땅에서 번성해 갔다.

네피림의 후손인 거인족이 인간들의 왕과 지배층이 되었고, 인간은 그들과 함께 하나님께 반역하는 우상 숭배자가 되어 있었다. 그들의 죄는 하나님을 분노케 하여, 하나님은 인간을 만드신 것을 후회하시고 노아와 그 가족을 제외한 모든 인간과 네피림(아낙 자손)을 이 땅에서 홍수로 멸망시키신다.

세월이 지났다. 그 속에 니므롯이라는 거인이 나타나 하나님만 숭배하던 노아의 자손을 꾀어 자기편으로 만들더니 또다시 우상 숭배를 하게 만들었다. 바벨탑으로 하나님을 배반하고 우상 숭배를 지속하자 하나님은 또 그들을 흩으셨다.

하나님은 그 중에 아브라함을 불러 그의 자손을 가나안 땅에서 애굽으로 이동시켰고, 200만 명의 인구로 아낙 자손(네피림의 후

손)이 지배하는 땅을 찾아 가나안 회복 전쟁을 하신다. 이때 모세라는 인물을 택하셔서 가나안으로 전쟁을 나가신다. 우상 숭배로 물든 땅에 하나님이 택하신 이스라엘 백성과 함께하시고 하나님의 뜻을 이루어가신다.

그래서 여호수아가 여리고 성을 함락시키기 전에 하나님은 그의 군대 대장을 여호수아 군대에 보내신다. 여호수아가 놀라서 묻는다. "당신은 우리 편인가? 아니면 적군인가?" 그때 그 분이 말씀하신다. "나는 하나님 군대의 대장이다. 이 땅은 거룩하다." 꼭 모세에게 나타나신 하나님의 현존과 비슷하다. 그리하여 여리고 성은 함성 소리에 무너지고 거인족(아낙 자손)은 힘없이 전쟁에 진다. 그리고 모든 백성은 전멸당한다. 철기 문명과 막강한 병기, 높은 성은 순식간에 무너진다. 이 전쟁은 이스라엘의 전쟁이 아니고 하나님의 전쟁이라는 실증이다.

백성은 믿기만 하고 순종만 하면 되는 전쟁이다. 사람의 힘으로 되는 전쟁이 아니다. 하나님이 대신 싸우는 장면이 곳곳에서 나온다. 이 이스라엘의 가나안 정복과 땅의 분배는 전적으로 하나님의 역사(History)를 주관하시는 과정을 적은 위대한 그의 역사다. 이 속에서 우리가 확실히 알아야 할 것은 하나님에 대한 절대 순종과 믿음이다.

구약 성경의 핵심은 '하나님을 나의 창조주로 받아들이고 그에게 의지하며 순종하면, 하나님은 나를 지켜주시고 이기게 하시며 그의 선한 뜻을 우리를 통해 이루신다' 는 것이다. 그리고 절대로 우상을 숭배하지 말라는 교훈도 주셨다.

사탄의 강력한 힘을 사람으로서는 이길 수 없다. 그러나 하나님이 대신 싸워주신다는 확신을 구약 성경에서 찾은 나의 마음은 오늘도 기쁘다.

하나님을 신뢰하고 그분의 절대 주권에 순종하는 생활을 하라는 것이, 성경이 오늘 내게 주시는 말씀인 것을 깨닫는 기분 좋은 아침이었다. 오늘도 깨닫게 해주신 성령님께 감사를 드린다.

레위지파의 칼과 비느하스의 창

모세가 하나님으로부터 십계명을 받아 이스라엘 진영으로 돌아왔을 때, 그의 눈에 황당한 장면이 들어왔다. 금송아지를 만들고 바알 신을 섬기는 행위가 사람들 사이에서 벌어진 것이다. 남녀의 음란한 행위와 춤이 어우러진 광란의 축제였다. 노랫소리는 온 사막에 울려 퍼지고 있었다.

모세는 너무나 큰 실망과 분노를 느껴 하나님에게서 받은 십계명 돌판을 금송아지에 던져 부숴버리고 백성을 향해 분노를 발산했다. 하나님을 뵐 낯이 없어 실망과 부끄러움으로 몸서리쳤다. "하나님, 이 백성의 죄를 용서해 주십시오"라는 기도와 함께. 그러나 이 죄는 용서될 수 있는 정도를 넘었다.

이때 레위지파의 사람들이 하나님의 진노를 대신하여 칼을 빼들었다. 그리고 그곳에서 광란했던 모든 무리들을 살육했다. 그 중에는 이웃도, 친척도, 친구도 있었다. 그러나 모든 것을 따지지 않고 행하였다.

그들의 피가 사막에서 도랑을 이루었을 것이다. 그들의 친구, 친척의 울부짖음도 광야를 진동했을 것이다. 그들은 인간적인 동정심을 버리고 슬픔을 참으며 하나님의 마음을 생각하면서 자신의 몸을 던졌다. 그 결과 레위지파는 제사장 지파가 되는 영광을 받았다.

싯딤에서 이스라엘 백성이 또 하나님의 마음을 아프게 하는 죄를 짓는다. 이방 신을 섬기는 모압 여인들과 음행하고 그들이 섬기는 신에게 절을 하므로, 하나님께서 진노하사 바알에 절한 자를 죽이라고 명하셨다.

그때 이스라엘 자손 한 사람이 미디안 여인을 데리고 왔다. 그러자 비느하스가 창을 들고 남자와 여자의 배를 꿰뚫어 죽이니, 창궐했던 염병이 이스라엘 자손에게서 그쳤다. 이 말씀은 민수기 25장의 기록이다.

하나님을 진노케 하는 바알에게 절하고 하나님을 배반한 이스라엘 백성에게는 가혹한 하나님의 분노가 계셨다. 그러나 비느하스의 창은 하나님의 진노를 그치게 하였다. 그리고 그의 후손은 영원한 제사장 직분의 언약을 받았다.

이 밖에도 예수님은 성전에서 장사하는 사람들에게 분노하시고 그들에게 강한 질책을 하신 것을 성경에서 볼 수 있다.

지금 우리 교회는 정말 어려운 상황에 처해 있다. 이단이 극성을 부리고 몇몇 대형 교회 목사님의 일로 백성으로부터 칭찬을 받지 못하고 전도의 길은 막히고 있다. 그러나 하나님의 마음을 아프게 하는 일을 질타하는 목회자도 적고, 이단을 질타하는 신학 교수도 적다. 모두 조용한 가운데 자신에게 손해가 될 것을 생각하고 침묵하고 있다.

소위 '잘 믿는' 성도들도 사회에 나갔을 때 모든 사람들 앞에서 "나는 기독교인"이라고 당당히 이야기하지 않는다. 오히려 "나는 신앙이 별로 없지만 우리 집사람은 열심"이라고 이야기한다. 모든 사람 앞에서 예수 그리스도를 시인하는 모습은 찾아보기 힘들다. 말뿐이라도 비느하스처럼 하나님 편을 들며 분노하는 지성인들은 더더욱 보기 힘들다. 왠지 모르지만 그럴 사회 분위기가 아니라는 이야기다. '그래서 과연 나에게 무슨 이익이 있는가'를 따지는 사람이 많다.

하나님이 그들에게 높은 지위를 주고 많은 부까지 주셨는데 그

목적대로 쓰임 받는 **크리스천**

많은 달란트를 받은 사람은 다 어디로 간 것일까. "비느하스여, 너 어디 있느냐"는 하나님의 부르심에 응하는 지성 기독교인을 기대해본다.

비느하스의 창을 우선 나에게 겨누고, 그리고 하나님을 배반하는 자에게도 겨누어야 하지 않겠는가. 많은 성도들이 이단에 넘어가 신음하는 소리가 하나님께 전달되면 그에 대한 책임을 누구에게 물을 것인가 생각해보지 않을 수 없다.

"하나님, 우리를 십자가 군병으로 세우소서. 이 어려울 때에 나를 주의 충실한 비느하스가 되게 하소서. 그리고 나 자신부터 당당하게 하시고, 세상보다 하나님을 두려워하는 주의 종이 되게 하시옵소서"라는 기도를 드려본다.

뉴에이지 크리스천과 이단들

지난 달, 미국을 방문했을 때 일이다. '명상'이나 '심리치료'라는 간판이 내걸린 가게들이 부쩍 많이 눈에 띄었다. 또 근처에는 명상이나 심리치료와는 별로 어울릴 것 같지도 않은 교회가 있는 경우가 꽤 많았다.

얼마 전 미국의 한 대형 교회에서 스님이 설교를 하고 담임 목사님과 부둥켜안는 모습이 TV를 통해 크게 방영됐다. 이를 지켜본 한 교인은 "감격스럽다"고 말했다. 곁에 있던 목사님도 "모든 종교가 이제 사랑으로 연합한다"고 말하며, "이제 기독교도 시야를 넓혀 타 종교와 대화하고 협력해야 한다"고 말씀하셨다.

이런 모습을 보고 여러분은 어떤 생각을 하게 되는지 모르겠다.

나는 이것이 심각한 영적 무지에서 비롯된 일이라고 생각한다. 이 것이 바로 '뉴에이지'라는 큰 영적 이단의 캐치프레이즈라 보기 때문이다.

뉴에이지는 힌두교에서 유래된 범신론적 신앙관을 가지고 있으며 진화론과 환생, 윤회 사상을 기초로 한다는 것이 정설이다. 점성학, 초월, 명상 등을 포함하는 이교 사상이지만 요즘은 '새 세대 운동'이라는 가면을 쓰고 교회에 들어와 기독교적인 내용으로 탈바꿈해 가르치고 있다.

어떤 사람은 이를 통해 성령을 받았다고 하고, 또 어떤 사람은 하나님의 음성을 듣는다고 주장한다. 어떤 사람은 신비한 계시를 받았다고 하고, 또 어떤 사람은 초자연적인 치유를 이야기하기도 한다. 그러나 그들의 주장은 성경에 근거하지 않는다는 특징이 있다. 뭐든 성경을 바탕으로 하지 않는 것은 일단 색안경을 끼고 바라봐야 한다.

이런 경우 하나님의 말씀을 꺼내 시험해보면 완전히 다른 엉뚱한 대답을 한다. 성경 말씀을 기초로 하지 않는 초월적인 내용의 이야기는 뉴에이지 신자들이 자주 꺼내는 그들만의 특징이다.

우리가 이러한 속임으로부터 보호받기 위해서는 하나님의 말씀인 성경을 확실하게 이해하는 것이 무척 중요하다. 요즘 교회에서 유행하는 크리스천 명상 그룹을 경계해야 한다고 생각한다. 이곳에 속한 사람들이 바로 뉴에이지 크리스천이라 보는 것이다.

이 밖에도 S파, G파, A파 등 무수한 이단 종교 단체들이 있다. 진정 불쌍한 것은 교인들이다. 기성 교회에서 말씀의 갈증을 느껴 다른 곳을 찾다가 이런 종교에 들어간 경우가 많다. 교회가 헌금과 전도만 강조하다 보니 근본적인 구원 문제를 고민하던 중, 성경을 쉽게 풀어 가르쳐 준다는 말에 속아 이런 종교 단체에 넘어간 것이다.

기성 교회에 1차 책임이 있지만 이를 막지 못한 우리 교인들에게도 그에 못지않은 큰 책임이 있다. 교회는 기도하고 말씀을 듣는 곳이다. 우선 이 문제를 충족시키고 그 밖의 섬김과 봉사가 뒤따라야 한다고 말씀하시는 원로 목사님들의 이야기에 전적으로 공감한다. 시간이 지날수록 더욱 크게 와 닿는다.

지금 시대에는 동양의 다양한 전통 종교, 불교, 이슬람교, 천주교 등 모든 종교가 사랑으로 연합해야 한다는 일치 운동이 거세다. 예수님의 절대성을 주장하지 말고 사랑으로 하나가 되자고 한다. 모든 종교에 구원이 있다고 하는 종교다원주의가 우리 교회에 들어와 있다. 그리고 그 세력이 전통 기독교보다 더 많다. 이것은 바로 뉴에이지 사상과 같다. 이번 WCC와 보수 교단의 논쟁에서도 크게 부각되었던 부분이다. 이제 성경을 택할 것인가, 아니면 성경 말씀을 무시한 채 초자연적인 능력으로 병을 치료하고 현세의 행복을 약속해준다는 달콤한 교리를 택할 것인가를 판단할 때다.

이들은 절대적인 하나님을 부인하고, 그 대신 신의 기운이 우주 만상에 퍼져 있다고 믿으며, 결국에는 인간도 하나님과 같이 될 수 있다고 가르친다. 불교의 교리와 비슷하다. 또한 하나님 밑에 마스터라는 신들이 있어 우리와 교통한다고 하며, 여러 마스터 중에는 예수님이나 석가모니, 티베트의 고승 등이 포함되어 있다고 말한다. 그래서 예수님 이외에도 구원이 있다고 이야기한다. 종교 다원주의 신학자와 비슷한 이야기다.

그러나 진정한 성경적인 사랑은 진리 안에서 그리고 하나님 안에서 연합하는 것을 말하는 것이지, 무원칙적이고 감정적인 사랑과 연합을 말하는 것은 아니다.

갈라디아서는 "하늘의 천사라도 너희에게 전한 복음 이외의 복음을 전하면 저주를 받을 것"이라고 말씀하신다. 복음 이외의 복음인 자유주의 복음, 죄를 버리고 성화되지 않아도 무조건 믿기만 하면 구원을 받는다는 통속적인 가르침도 교회 안에 들어온 뉴에이지 사상과 보조를 맞추는 가르침이다.

목적대로 쓰임 받는 **크리스천**

우리는 주님의 피공로로 인해 예수 그리스도를 믿기만 하면 그 공로가 우리 것이 된다는 '의화' 단계, 지은 죄를 회개하여 매일매일 '성화' 되는 단계, 심판 후 그리스도와 함께 영원한 세계에 들어가는 '영화' 단계를 각각 거쳐 가야 한다는 것을 믿어야 한다고 생각한다. 그리스도만이 구원에 이르는 유일한 길이다. 적그리스도가 이 땅에 올 것을 미리 준비하는 뉴에이지 사상과 이단들의 세력에 넘어가지 않도록, 말씀 위에 굳게 서는 우리의 신앙을 확인해봐야 한다.

사탄이 우는 사자같이 우리를 삼키려 하고 있다. 깨어 기도하고 말씀을 붙잡자. "하나님, 하나님의 말씀을 이해할 수 있게 도와주시옵소서"라고 기도해본다.

구약 성경이 이스라엘 무협지라고?

　어떤 사람들은 구약 성경을 '이스라엘 무협지'라고 말한다. 이스라엘의 역사서를 우리가 왜 읽어야 하느냐며 항변한다. 성경의 권위를 떨어뜨리고 싶은 모양이다.

　그러나 이러한 이야기는 믿지 않는 자들만의 이야기가 아니다. 일부 신학자들도 그렇게 이야기한다. 하나님이 세상을 창조했다는 것을 믿지 못하고, 홍해를 갈라 이스라엘 백성을 구하신 것을 믿지 못하고, 우리 인간을 창조하신 것을 믿지 못하고 모든 것은 진화의 산물이라고 이야기한다. 또 성경 중에 이성으로 확인되는 것만 믿고 이성으로 믿기지 않는 것은 믿지 않겠다는 인본주의가 신학으로 성장하여 자유주의 신학의 토대를 이루었다.

많은 신자들도 믿어지지 않는 성경 구절을 이해하려고 노력하지만 끝내 답을 얻지 못한다. 결국 성경 속 하나님의 뜻을 찾는 데 실패하고 형식적인 기독교인으로 일생을 마치는 경우가 너무 많다.

나는 학창시절에 시험 보던 때를 기억한다. 어려운 문제와 씨름하다 보면 쉬운 문제를 풀 시간이 모자라게 되고, 결국 문제를 다 풀지 못해 좋은 성적을 받지 못했다. 반대로 쉬운 문제부터 다 풀고 나서 맨 마지막에 어려운 문제를 풀면 성적이 아주 잘 나왔다. 성경도 마찬가지다. 이해가 안 가는 것은 일단 믿고 지나가는 게 좋다. 그렇게 몇 번 통독하고 나면 점점 어렵고 이해되지 않던 구절이 쉽게 이해되고 믿어진다. 우선 하나님이 세상을 창조하셨다는 부분만 믿으면 성경에 나오는 모든 어려운 구절들은 쉽게 믿어진다.

이는 성령 하나님이 믿게 만들어주신 것이 아닌가 하는 생각이 든다. 성경은 쉽게 이해할 수 있는 말로 쓰였으나, 비밀은 성령님의 도우심으로만 깨닫게 됨을 늦게나마 알게 되었다. 기도와 함께 성경 읽기에 힘쓰면 정말 많은 구절이 감동으로 다가오고, 또 이 구절대로 살기를 결심하게 된다.

성경은 짧은 시간에 많이 읽는 것이 중요하다. 몇 구절씩 짧게

목적대로 쓰임 받는 **크리스천**

끊어 읽다 보면 맥을 잡기 어렵지만, 일정 기간 집중해서 많이 읽다 보면 어느 순간 깊은 감동이 물밀 듯이 밀려온다.

그리고 하나님 말씀을 알아야 하나님이 나에게 하시는 말씀을 찾을 수 있다. 말씀을 모르고 목사님의 설교에만 의지한 채 신앙 생활을 하다 보면 신앙에 깊이가 없다는 것을 깨닫는 날이 반드시 온다. 그때는 이미 늦는다. 젊을 때부터 성경과 같이하자. 그 속에서 세상을 알아가는 지혜를 찾게 되면 이단의 목소리에 현혹되지 않는다. 그리고 진정한 목자의 목소리도 알게 된다. 영의 분별력이 생기는 것이다. 한번쯤 성경 읽기에 빠져보자. 당신의 인생에 대변화가 올 것이라고 감히 확신한다.

루시퍼 찬양의 두려움

얼마전 유나이티드문화재단이 주관한 '손양원 목사님 기념 음악회'가 여수 예울마루 대극장에서 열렸다. 음악회를 마친 뒤 KTX를 타고 돌아오는 길에, 연주자들 중 한 명이 큰일이라도 난 것처럼 스마트폰을 들고 와 내게 물었다.

"이것 좀 보세요. 교황청 미사 영상인데, 교황이 루시퍼를 찬양하는 예배를 드리고 있어요. 루시퍼 찬양이라니 정말 무섭네요. 어떻게 하나님을 믿는 교황이 바티칸 미사에서 하나님 대신 루시퍼를 찬양할 수 있어요?"

그가 보여준 영상을 보고 나도 깜짝 놀랐다. 프란치스코 교황이 부활절 전야 미사에서 루시퍼를 찬양하는 내용이었다. 내용은 이러했다.

"루시퍼가 이 불꽃이 타오르는 것을 알게 하소서. 결코 지는 것을 모르는 루시퍼시여. 그리스도는 당신의 아들, 그는 죽음으로부터 돌아와 인류에게 평화로운 빛을 비추었고 영원히 살아계시며 다스리시나이다. 아멘."

이 미사의 번역이나 표현이 제대로 된 것인지 모르겠지만 개인적으로 믿어지지 않는 일이었다. 더 놀라운 것은 이 동영상을 본 천주교 신자들의 반응이다. 별로 심각하지 않았다. 그리고 기독교 신자들도 그저 그렇다는 반응이다. 루시퍼가 누구인지 몰라서란다.

루시퍼는 하나님을 대적하는 사탄의 이름이다. '광명의 천사'라고도 하고 '옛 뱀'이라고도 한다. 세상을 꾀는 자라고 성경이 말씀하고 계신다. 이 이름은 NIV 성경에는 명시되어 있지 않고 킹 제임스 성경에서 볼 수 있다. 우리가 믿는 하나님의 이름이 여호와라면 사탄의 이름이 루시퍼이다.

가톨릭은 하나님만 믿는 종교다. 성경을 믿고 예수 그리스도를 믿는 종교. 어떻게 하나님과 사탄을 함께 섬길 수 있는가 하는 의문이 나를 힘들게 했다.

도저히 믿어지지 않는 동영상이고 번역이 잘못된 것으로 믿고 싶었다. 한번쯤 이 번역이 제대로 된 것인지 확인할 필요가 있다고 느껴진다.

나는 평소 하나님께만 평생 헌신하는 해맑은 수녀님의 얼굴을 볼 때 존경심과 더불어 부러움도 느낀다. 또 신부님들의 위임식을 보면서 존경심을 느낀 적도 있다. 좋은 종교지도자가 많은 천주교를 부러워하기도 했다.

지난해 세월호 사건을 보면서 유병언 회장 때문에 순수하게 믿음을 따랐던 신도들의 슬픔과 좌절을 같이 느낀 적이 있다. 그들은 왜 이단의 신도가 되었나. 혹시 정통 교회 목회자들의 책임은 없나 하는 생각도 든다. 문득 구원파 신도였던 예전 운전기사가 생각났다. 그는 무척 성실했고 믿음을 위해 노력하는 젊은이였다. 옳지 않은 목사님 때문에 실망하여 불교로 종교를 바꿨다는 친구도 생각이 났다.

중생을 계도하지 않고 종교 지도자가 되고자 하는 사람은 그것이 일(Job)이 되어 평생 성직자로 살기에는 너무 힘이 드니 차라리 목회를 하지 않는 게 좋겠다는 어느 신학 교수의 설교 말씀도 생각난다.

우리는 어떤 종교가 이단이며 어느 성직자가 이단인지 분별할 능력이 부족하다. 그렇다고 운명에 맡기고 신앙생활을 할 수도 없

다. 신앙인에게는 매우 중요한 문제이기 때문이다.

이것을 해결하는 유일한 방법은 성경으로 돌아가 성경을 깊이 공부하고 성경 속에서 방향을 찾는 것이라는 어느 목사님의 간절한 호소가 생생하게 들려온다.

평신도가 정말 성경을 공부하고 기도하지 않으면 이러할 때 믿음을 잃게 되고 구원에 이르는 데 실패할 것이라는 생각이 든다.

매일 기도하고 성경 속에서 하나님을 발견하자. 그리고 이를 따라 생활하자. 나 자신에게서 예수님의 모습을 발견하여 하나님을 기쁘게 하자. 어떠한 이단도 걱정할 일이 없을 것이다. 유일한 길은 성경 말씀 속에서 진리를 찾는 것이다.

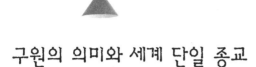

구원의 의미와 세계 단일 종교

구원(Redemption)이라는 말은 노예 시장에서 유래되었다. 누군가가 대신 몸값을 지불하고 노예 상태에서 해방시켜준다는 의미다.

구원은 예수님께서 어린 양으로서 십자가에서 대신 피를 흘려주심으로써, 사탄에게 붙잡혀 그의 종이 되었던 우리를 해방시켜주셨다는 뜻이다. 따라서 그리스도 예수의 피의 공로로 우리가 구원을 받은 것이기 때문에, 구원에 이르는 유일한 길은 예수 그리스도밖에 없다고 믿고 있는 것이다.

그러나 요즘 천주교를 비롯해 종교 다원주의를 부르짖는 많은 신학자들이 "'예수만이 구원에 이르는 유일한 길'이라는 전통 기독교 사상을 버리지 않으면 타 종교와 대화가 막혀 세계 평화를 이룰 수 없다"고 이야기한다. 정말 그럴까.

세계적인 에큐메니컬 운동(Ecumenical Movement)은 기독교 안에서도 그 세력이 너무나 강대하다. 에큐메니컬 운동은 교파나 교단의 차이를 초월하여 모든 기독교, 더 나아가 모든 종교의 통합을 도모하는 운동이다. UN의 종교위원회는 세계 단일 종교를 따르지 않는 전통 기독교인들을 잠재적 문제 종교 집단으로 매도하는 분위기다. 미국에서는 전통 기독교를 믿는 사람들을 위험한 종교 집단으로 규정하고 있다. 그리스도를 유일한 구원의 길이라고 믿는 믿음이 배척받는 시대가 된 것이다. 한국에 있는 성도들은 이 이야기가 이상하게 들릴지 모르겠으나 세계는 지금 그렇게 흘러가고 있다.

정말 그리스도 이외에도 구원이 있을까. 또 생각하고 생각해보았다. 불교를 믿어도 통일교를 믿어도 예수님 십자가의 구원의 피가 그들에게도 효험이 있을까. 그건 아니라는 생각이 든다. 왜냐하면 성경이 그렇게 가르치지 않기 때문이다. 성경은 그리스도 이외에는 어떤 것에도 구원이 없다고 확실히 말씀하고 계신다.

교회는 예배를 드리는 곳이다. 그러나 교회는 사회 정의를 실천하는 곳이라고 가르치는 목회자들도 많다. 정말 그럴까. 교회의 주인은 하나님이시고, 이곳은 그리스도 안에서 성도라고 부르심을 받은 자들의 모임, 죄악된 생활에서 구별함을 받은 자들의 모임이라고 성경은 정의하고 있다.

지금 바른 신앙생활을 하지 않으면 우리가 실족할 수 있다. 설교를 잘 한다고 사람들이 우르르 몰려가는 교회가 과연 어떤 말씀을 전하는지 살펴보자. 모든 교회가 모두 같은 말씀을 전하는 것은 아니다.

사도 바울은 고린도 교회에 대해 크게 걱정하면서 고린도 전후서를 쓰셨다. 교회 내에서 각종 음행 문제가 심각했고, 지도자가 하나님 말씀과 다르게 가르치는 바람에 교회 내 파벌이 심해져 아주 큰 고통을 겪었다. 사도 바울은 잘못 가르치는 목회자를 살펴본 후, 그들의 뒤에는 분명히 그를 조종하는 사탄이 있다는 확신을 가지고 이 서신을 썼다. 지금도 교회 내에 그리스도 이외에도 구원이 있다고 가르치는 목회자가 있다면 사도 바울의 경고를 한 번쯤 되새겨볼 필요가 있다.

사탄은 무서운 얼굴을 하고 있지 않다. 유능한 지도자, 덕망 있는 지도자, 그리고 선을 행하는 광명의 천사 얼굴을 하고 있을 수 있다. 사도 바울의 견해다. 그리고 나도 이 견해에 전적으로 동의한다.

목적대로 쓰임 받는 크리스천

사도 바울이 고린도 교회에 보내는 근심어린 충고가 오늘날 우리 시대에도 낯설지 않게 느껴지는 것은, 우리가 계속해서 사탄의 세력과 싸우고 있는 중이기 때문이다.

사업을 하는 사람이 왜 이런 글을 쓰느냐고 비판하는 사람이 많다. 왜 공격받을 행동을 하느냐는 것일 것이다. 그러나 안 쓰면 참 괴롭다. 그리스도 이외에도 구원이 있다는 것을 믿고 따른다면, 수십 년 동안 믿었던 모든 신앙생활이 무엇이 되겠는가.

성경은 이 모든 것을 쉽게 정리하고 있다. 고린도 후서 6장에서 사도 바울은 "어찌 빛과 어둠이 사귀며, 그리스도와 베리알이 어찌 상관하며, 하나님의 성전과 우상이 어찌 일치가 되리오"라고 말씀하신다.

세계 종교 단일화와 종교 다원주의는 우리에게 다가오는 거짓 가르침이요, 그 속에는 사탄의 계략이 있다는 것을 믿음으로 받아들이자고 외치고 싶다.

죄와 회개, 그리고 죄 사함

그동안 '죄는 무엇인가'에 대해 많이 고민해왔다.

유대인들은 죄를 '빗나간 화살'이라고 정의한다. 하나님의 율법에 어긋나게 생활하는 것들이 죄라고 생각하고 있다.

회개는 이러한 죄와 잘못을 고백하고 용서를 받고자 하나님께 구하는 행위의 일체를 말한다.

죄에는 깨닫지 못하는 것들도 많다. 알고 지은 죄와 모르고 지은 죄가 모두 많다. 죄는 하나님과 나 사이의 영적 소통을 막고 기도가 전달되지 못하게 하여 영적인 죽음의 상태를 만든다. 아무리 우리가 기도를 해도 죄 때문에 가로막혀 하나님께 기도가 올라가지 못하는 경우가 많다.

죄를 용서 받는 방법은 종교마다 다르다. 기독교는 그리스도의 이름으로 하나님께 회개 기도를 직접 드리는 것으로 우리의 죄가 사해진다고 가르치고 있다. 천주교는 사제에게 고해 성사를 하면 신부가 죄를 사해 준다고 가르치고 있다. 죄와 회개, 그리고 죄 사함의 방식에서 천주교와 기독교의 가르침이 교리적으로 크게 차이가 난다. 불교는 스스로의 깨달음으로 해결된다고 가르치고 있다. 어떤 믿음을 따를 것인가는 각자의 신앙의 판단에 맡길 뿐이다. 나는 기독교인이라 당연히 회개 기도를 통한 그리스도의 피의 공로로 속죄함을 받는다고 믿고 있다.

그런데 요즘 내가 느끼는 죄에는 또 다른 기준이 생겼다. 나 자신을 아주 힘들게 하는 기준이다. 도덕적이고 영적인 부분과 더불어, 인생 목표에 관한 부분까지 생각하는 죄의 기준이 나를 괴롭히고 있는 것이다.

성경은 하나님이 모든 사람을 창조하실 때 각각의 목적을 갖고 창조하셨다고 말씀하신다. 토기장이가 꽃병도 만들고 밥그릇도 만드는 것과 같이 모든 사람이 목적을 갖고 창조되었고, 각 사람에게 이 목적을 달성하기 위해 적당한 재능을 주셨다. 그래서 이 재능을 가지고 하나님을 기쁘게 하고 하나님께 영광을 돌리게 하는 것이 하나님의 최종 목적이다.

그래서 나의 모든 것이 하나님 것이 되어서 하나님을 기쁘게 하는 데에 사용되어야 하는데, 막상 나 자신도 나의 욕심과 명예가 중심이 되어 오늘을 살고 있다는 생각이 들어 항상 죄의식을 느낀다. 내가 가진 재능으로 하나님을 영화롭게 하는 일에 쓰임을 받아야 하는데, 나 자신과 내 가족 그리고 회사의 이익 등에 모든 정열을 쏟고 있는 나의 초라함을 계속 발견하면서 부끄러웠다. 그렇다고 하나님의 영광을 위해서 무엇을 해야 하는지도 잘 모르겠고 참 혼란스러울 때가 많다. 요즘은 그것 때문에 기도할 때가 많다.

그러나 특별한 응답을 받지 못하고 하루하루 허송세월한다는 죄의식이 나를 괴롭히고 있다. 그래서 이 일도 해보고 저 일도 해보는데 만족이 없다. 그래서 오늘도 독백처럼 신앙의 본질을 찾아 원고지를 메우고 있는지 모르겠다.

가정 예배 중에 한 아들에게 목회자가 되는 것이 어떻겠느냐고 이야기를 해 보았는데 아들이 펄쩍 뛴다. 십자가를 지고 자신을 부인한 채 목회자가 되라고 하니 좋아할 리가 없다. 이 좋은 세상에 부모 잘 만나서 즐겁게 살 수 있는데 왜 고생길로 가라고 하는지 모르겠다는 생각을 한 것은 아닐까. 나 자신도 정말 어렵고 힘든 일을 하라는 말을 들으면 어떨까 생각해 보았다.

오늘도 조그만 개척 교회를 운영하면서 밤새 하나님께만 매달

리는 목회자들이 많이 있다. 많은 목회자들이 빗나간 화살을 쏘고 있는 것도 현실이지만, 그래도 하나님의 영광을 위하여 쾌히 십자가를 지고 가는 목회자와 선교사들이 많다. 그들이야말로 목적대로 쓰임 받고 있는 축복 받은 인생들이다. 그들에게 하나님의 축복과 보호하심이 있기를 기도드린다.

값없이 주님을 위해 기도하는 주의 사람들이 이 땅에 많기 때문에 우리 국가의 안보가 이루어지고 경제가 유지된다는 감사 기도는 모든 기독교인들이 해야 할 것 같다. 주의 나라와 그의 의를 위하여 기도하고 있는 모든 분들에게 감사드리며 나의 허한 마음을 달래 보고자 한다.

목적대로 쓰임 받고

어느 날 아침, 한 직원이 내게 말했다.

"어제 적성검사를 해보았는데 제 성격이 내성적이라고 합니다. 직업으로는 창의적인 엔지니어나 발명가가 적합하다는 결과가 나왔습니다."

그리고 그는 "너무 잘 맞혀서 깜짝 놀랐다"는 말도 덧붙였다. 그래서 자신의 딸도 적성검사를 받게 했더니, 음악가를 비롯해 창의력이 돋보일 수 있는 직업이 적합하다는 결과가 나왔다고 한다. 그러면서 이렇게 신기한 적성검사가 회사 내 직원들의 업무 배치를 위해서도 꼭 필요하다고 이야기했다.

그 말을 듣는 순간 문득 점쟁이들이 생각났다. 운명론을 가지고 사주팔자를 보며, 정월 초면 손님들로 문전성시를 이루는 점집을 생각해보았다. 사람에겐 과연 주어진 운명이 있는 것일까? 정말 적성검사에서 나온 것들이 맞다면, 점쟁이들의 운명론과는 어떤 관계가 있을까.

앞으로는 유전자를 분석해서 점쟁이나 적성검사보다도 더 정확한 판단을 내릴 수 있다고 한다. 사람의 피나 머리카락을 가지고 그 사람의 건강이나 질병뿐만 아니라 수명까지도 분석하는 것이 기업의 인사 정책에 반영될 수 있다는 말도 있다. 다만 인권 문제가 있어 법률적으로 허용될 것 같지는 않다.

우리의 일생이 정해져 있다면 그것은 무엇을 뜻하는 것일까 생각해본다. 우리가 내일을 알 수 있다면 우리에게 주어진 희망은 무슨 의미가 있을까? 그렇다면 과연 기독교적인 인생관은 무엇일까? 성경은 이런 문제에 대해 어떤 이야기를 해줄까?

성경을 해석해보면, 더욱 더 목적이 분명한 삶의 방향을 제시하고 있다. 사람은 하나님의 목적 하에 지어졌다. 각자가 하나님의 계획 하에 지어졌고 그 능력은 사람마다 다르게 주어졌다. 한 달란트, 다섯 달란트, 열 달란트 등이 주어졌고 그 달란트대로 세상을 살아가는데, 그 목적은 모두 하나님을 영광스럽게 하고 기쁘게 하는 것이다. 그 목적에 인생의 길이 있다고 말씀하신다.

성경은 내가 받은 능력대로, 하나님의 목적대로 쓰임을 받는 인생이 바른 길이라고 가르치고 있다. 나에게는 한국유나이티드제약을 설립한 목적이 있다. 내가 이 목적대로 회사가 운영되길 바라는 것처럼, 하나님도 내가 하나님의 목적대로 쓰이기를 바라실 것이다. 내가 잘못된 길로 가면 징계로 교훈으로 또는 사랑으로 인도하려 하실 것이다.

나는 오늘 내 인생이 지음 받은 목적은 무엇인지, 내 달란트는 무엇이며 얼마나 되는지, 그리고 제대로 그 길을 가고 있는지를 생각해보았다. 그러나 도저히 알지 못하겠다. 과연 잘하고 있는지, 그리고 맞는 길로 나아가고 있는지 잘 모른다는 데에 오히려 크게 놀랐다. 내가 쫓고 있는 이 성공의 길이 과연 창조주가 원하시는 것인지, 또 내 능력이 그분의 뜻대로 쓰이고 있는지도 또 한 번 생각해보았다.

모두 만족스럽지 않다. 내 욕심과 내 미래와 내 행복만을 구하고 복만 달라고 기도했지, 정말 내가 가야 할 길을 가게 해달라고 간구한 적은 매우 적었음을 느낀다. 역시 나는 정말 미약한 존재임을 다시 깨달았다.

얼마 전 김종필 전 총리가 부인의 장례식장에서 "정치를 오래 해왔지만 지나고 보니 허업이었다"고 고백하는 것을 보고 같은

목적대로 쓰임 받는 크리스천

생각이 들었다.

하나님이 원하시는 대로 일생을 살지 않으면 권력과 돈, 명예 등 모든 것이 끝에 와서는 허업이라는 결론이 당연하다고 생각한다. 일생을 하나님의 목적대로 쓰임을 받는다면, 생을 마감할 때 "헛되고 헛되도다"라고 이야기하지 않을 것이다.

"나는 정말 행복하게 살았고 앞으로도 행복한 저 세상에서 더욱 행복하게 살겠다"고 고백할 것 같다. 지금이라도 깨달아 하나님의 뜻을 구하고 그 길에서 행복을 찾는 현명함을 가져야겠다.

제**2**부

삶과 신앙을
일치시키라

66

　전도를 하기 전에 자신의 행위를 돌아보고 자신이 얼마
나 상대방에게 믿음을 주는가를 반성해보자. 그런 다음 하
나님 말씀을 전한다면 전도가 그리 어려운 일이 아니리라
확신한다. 전도하는 것은 어려운 일이 아니나 증인으로서
자격을 갖추는 것은 정말 힘든 일이다.

99

성탄절의 반성

　내 나이 60이 넘도록 성탄을 수도 없이 맞았지만 성탄의 의미를 깊게 생각해본 적은 거의 없었다. 그저 즐거운 날, 기쁜 날 정도로만 생각해왔을 뿐이다. 크리스마스 이브인 24일에 성탄 예배를 드리고 성가대의 칸타타를 들으며 식구들끼리 오붓하게 식사정도 하면 되는 연례 행사로만 여겼다. 그런데 늦게나마 철이 드는지, 성탄의 의미가 매우 중요하다는 생각이 들기 시작한다.

　최초에 하나님을 아는 민족은 유대인뿐이었다. 그들은 전도를하지 않았다. 하나님은 자신들만의 하나님이고, 하나님은 자신들만 보호하시며, 따라서 자신들만이 선민이고 다른 모든 사람은 이방인이라며 하나님을 독점하고 있었다.

그렇다면 우리는 어떻게 하나님을 알게 되었을까. 아니, 하나님을 알지 못했다면 우리는 지금쯤 어떻게 되었을까. 생각해보니 참으로 아찔한 일이다.

하나님을 알지 못했다면 우리는 조상 대대로 믿던 우상숭배를 지금까지 해왔을 것이다. 불교나 토속 종교를 신봉하고 있었을 것이다. 하나님의 보호를 떠난 존재가 되어 우리의 영혼은 영원한 세계에서 버림받는 고통을 받을 수밖에 없었을 것이다.

그러나 하나님이 우리 인간을 사랑하셔서 독생자 예수를 이 땅에 보내주셨고, 그리하여 우리에게 하나님의 자녀가 되는 영광을 주셨다. 그날이 바로 성탄절이다. 그리스도가 이 땅에 오셔서 제자들을 통해 복음을 전하게 하셨고, 하나님은 다시 성령을 보내셔서 우리와 항상 함께 계시도록 은혜를 주셨다. 그래서 우리는 항상 성령과 함께 하면서 그 보호와 인도하심으로 사탄이 지배하는 이 세상에서 하나님의 백성으로 살아가게 된 것이다.

나는 오늘도 우리가 하나님의 도우심 없이 이 험한 세상을 살아갈 수 있겠는가 곰곰이 생각해본다. 그리고 무척 감사하다는 생각이 든다. 주님의 인도 없이는 하루도 살 수 없는 위험한 우리의 삶. 기도 없이는 의지할 곳이 없어 불안에 떨며 긴 시간을 잠 못 이루며 고통 속에서 지낼 수밖에 없다는 생각이 든다.

기업 하는 사람들에게는 특히 '그리스도의 평강'이라는 말이 마음에 와 닿는 구절일 것이다. 오늘도 어려울 때마다 간절히 구하는 모든 것들을 하나님께서 들어주신다. 이것이 하나님의 축복이고, 이 축복의 시작은 그리스도가 이 땅에 오신 것에서 비롯되었다. 이것을 감사하고 기념하는 날이 바로 성탄절이다. 우리가 기억하고 감격해야 하는 날이다.

그러나 지금 많은 교회가 처삼촌 묘에 벌초하듯이 성탄절을 축하하는 것 같다. 그 감격을 온 교인과 함께 나누어야 하는데 성탄절 헌금에만 신경 쓰는 교회가 많다. 모든 절기가 헌금 내는 날로 인식되어가고 있다.

이 글을 쓰는 오늘은 성탄절이 일주일도 남지 않은 시점인데도, 거리에는 교회의 성탄절 장식이 좀처럼 눈에 띄지 않는다. 그 흔하던 성탄절 음악도 들리지 않는다. 전 세계가 이 날을 축하하고 있는데도 기독교인이 많은 한국 땅에서는 교회들마저 성탄절을 가볍게 넘기고 있다. 성탄절이 잊혀간다는 느낌이 든다.

성탄의 형식도 점점 없어져가는 오늘의 교회 모습을 보면서, 다시 한 번 성탄의 성스러운 뜻을 기억하고 싶어진다. 성탄절은 하나님의 독생자 예수님이 하늘의 영광을 스스로 포기하고 우리를 위해 인간이 되신 날이다. 그리고 우리의 죄를 위하여 십자가의

고통을 받으시고, 우리를 하나님의 자녀로 삼아주시며, 최후의 날에 우리를 영원한 세계로 인도하여주실 구세주가 나신 날이다. 이 날을 어찌 감사와 감격으로 맞지 않을 수 있으랴.

이제 상업화되어버린 산타클로스의 크리스마스가 아닌, 구세주 예수 그리스도의 탄생을 축하하자. 성탄절의 주인공은 루돌프 사슴과 썰매와 산타클로스가 아니다.

구원과 복음의 축복을 우리가 받은 날이다. 기쁨과 감사로 성탄절을 경건하게 맞이하자. 그리고 우리의 자손들에게도 이를 알려주자.

고르반과 위선자

고르반(corban)의 원뜻은 '하나님께 드리는 선물'이다. 거룩한 목적을 위해 우선적으로 바치는 것을 말한다.

그런데 이 말이 위선자의 머릿속으로 들어가면 교묘하게 하나님의 뜻을 왜곡해 자신의 이익을 위해 사용한다는 예수님의 말씀이 있다. 유대인 장로의 유전이 하나님의 말씀보다 더 중시되어, 본질이 왜곡되고 하나님의 뜻과는 정반대 행위가 됨을 지적한 말씀이다. '부모님을 공경하라'는 본질을 왜곡하고 고르반이라는 핑계를 대며 부모님을 공경하지 않아도 되는 구실을 만드는 종교인들에 대한 질책이다. 이는 또한 현대를 살고 있는 우리들에게도 교훈을 주는 말씀이다.

예수님은 또 지적하신다. 장터에서 인사 받기를 좋아하고, 잔칫집의 윗자리에 앉기를 좋아하며, 긴 예복을 점잖게 입고 사람들이 보는 곳에서 길게 기도하는 자들은 결국 과부의 돈을 노린다고 말이다. 이해하기 힘든 말씀이지만 오늘날 이단들과 일부 문제가 된 목회자들에게서도 볼 수 있는 광경이다.

예수 믿기 힘든 세상이 되었다고 말하는 사람들이 늘어나고 있다. '당신이 다니는 교회의 목회자는 믿고 따를 수 있냐'는 질문을 하는 사람도 보았다. 그들은 나에게 어느 교회로 가면 좋겠냐고 묻는다.

원주의 어느 성도는 자신의 아이들을 유년 주일학교에 보내고 싶은데 결국 보낼 만한 곳을 찾지 못했다고 한다. 믿을 만한 교회에는 유년부가 없고, 잘 한다고 하는 교회에 가니 이단이라 못 보내겠는데 어떻게 하면 좋겠냐고 토로한다. 정말 어느 교회 가라고 추천하기가 힘들다.

그래도 하나님만 바라보고 충실하게 목회하는 목사님들이 많다. 다만 알려지지 않아서 추천을 못하고 있다고 생각된다. 아무리 때가 안 좋아도 하나님의 남겨진 자는 많다고 생각된다. 오늘도 주님께 모든 것을 맡긴 채 목숨 걸고 하나님 이름의 영광을 위해 헌신하는 목회자들을 위해 감사 기도를 드리고 싶다.

신명기에 모세가 이 문제를 언급한 내용이 있다. 거짓 선지자 때문에 고민하는 성도들에게 전한 말씀이다. "우리가 마음속으로 목회자의 설교가 여호와의 말씀인지 어떻게 알리요?" 하자, "목회자가 가르친 설교가 증험이 없고 성취된 것이 없으면 제 마음대로 설교한 것이니 잘 구분할 수 있다"고 성경은 말씀하신다.

고르반이라고 핑계를 대며 부모를 섬기는 것보다 교회에 내는 헌금을 지나치게 강조하는 설교가 교인들에게 많은 부담을 주는 일이 많은 것 같다. 우리 회사의 초신자가 계속 교회에 나가고 있어 기쁜 마음으로 '요즘 교회 생활이 어떠냐'고 물어보았더니 의외의 대답이 돌아왔다.

"시설이 잘 갖춰진 큰 교회라 만족도가 높을 거라고 생각했는데, 설교 중에 헌금 이야기가 너무 많아 부담스럽습니다. 평일에도 교회에 너무 많이 나오라고 해서 힘이 들고요. 직장인이 교회 생활을 하기에는 힘이 드네요. 헌금 이야기, 전도 이야기 좀 덜 했으면 좋겠습니다."

그의 답변은 솔직했다. 그러면서 "친목도 좋지만 교회에 나가는 것은 하나님께 의탁하고 싶고 고민을 해결하고 싶어서인데 현실과는 맞지 않는 것 같다"고 덧붙인다.

교회에 나가는 간절한 목적은 영혼의 구원이다. '교회의 본질

목적대로 쓰임 받는 크리스천

적인 목적을 향해 가는 교회가 많아진다면 어떤 교회라도 마음 놓고 적극 추천할 텐데'라는 생각이 든다. 교회가 신뢰받고 투명하다면 하나님이 기뻐하실 일만 하는 성도들도 넘쳐날 것이다.

나라의 장래는 교회에 있다. 고르반이라고 외치지 않고, 하나님만 섬기며, 하나님이 기뻐하시는 인격과 목적을 갖춘 목회자와 교회가 있을 때 교회의 미래와 대한민국의 번성이 보인다.

하나님 섬기기? 교회 섬기기?

유나이티드문화재단이 운영하는 갈렙바이블아카데미 강의가 매주 목요일 이루어지는데, 어느 날 강의에서 한 장로님이 돌출발언을 하신 적이 있다.

강의 시작 전 초청강사인 교수님이 장로님 한 분에게 "장로님은 어느 교회를 섬기십니까"라고 질문했다. 그러자 그 장로님은 단호하게 "교회를 섬긴다는 말은 좀 이상하네요. 어떻게 하나님 이외에 무엇을 섬긴다고 하십니까. 우리 성도가 교회나 목사님이나 십자가를 섬긴다면 좀 이상하지 않습니까"라고 대답하셨다. 순간 초청강사 교수님도 잠시 주춤하셨고, 다른 이야기로 강의를 시작했다.

분위기는 좀 썰렁해졌지만 생각해볼 가치가 있는 대화였다. 요즘 기독교가 '섬긴다'는 표현을 많이 사용하니 강사 교수님의 질문이 크게 잘못된 것은 아니라 여겨지기도 하지만, 그 장로님은 '섬김'의 대상이 오직 하나님이 한 분뿐이라고 여기기에 이외엔 다른 표현을 해야 한다고 생각하시는 것 같았다.

요즘 주변을 보면 하나님보다 교회를 섬기는 사람도 많다. 구원과 하나님 경배 이외에 봉사활동, 교회 성장, 전도 등에 얽매여 자신의 신앙의 방향을 정확히 설정하지 못하고 지내는 경우를 많이 보았다. 교제하고 봉사하는 것은 좋은 일이지만 교회의 본질은 아니다. 그리고 목사님께 순종하는 것과 하나님께 순종하는 것이 동일한 것도 아니다.

어느 교회 목사님은 그의 생일날 머리에 왕관을 쓰고 장로님들과 안수집사님들에게 절을 하도록 강요해 성도들이 교회를 떠났다고 한다. 또 어떤 교회에서는 한번 구원을 받으면 영원히 구원을 받는다는 가르침으로 교회만 나오고 헌금만 잘 내면 일단 구원받았으니 걱정할 것 없다고 가르치고 있다고 들었다. 정말 옳은 가르침인지 생각해볼 문제다.

구원에는 분명한 조건이 있다는 신학자들의 학설이 있다. 우리가 믿고 있는 가르침과 신앙의 방향이 정확하게 성경과 일치하고 있는지를 확인하는 것은 매우 중요한 일이다. 수많은 목회자와 설교자, 신학자의 가르침이 있는데 그 중에서 어떤 것이 진리이고 어떤 것이 잘못되었는지를 구별하기는 너무 어렵다.

설교를 판단하기 위해서는 성경이 말하는 진리를 정확하게 이해해야 한다. 어떤 설교자는 열렬한 신앙심을 가지고 하나님을 믿는다고 하지만 진리에 대한 지식이 너무 없는 경우도 있고, 자신의 영적 안전을 도모하려고 정통 교단의 큰 교회에 나가기도 하지만 그 교회의 사역자들 개개인이 믿는 신앙이 하나님의 진리와 일치한다는 보장은 없다.

그분이 어떤 신학을 가지고 있으며 누구의 가르침을 받아들였느냐에 따라 설교 내용이 크게 달라지기 때문에 자신의 영생과 구원의 문제를 교회의 이름에 따라 맡길 수 있는 것은 아니라고 생각한다.

목회자의 개인적 영성이나 신앙 체험에 따라 교인들에게 전달되는 하나님의 말씀은 매우 달라진다. 그래서 구원 문제를 자신의 팔자나 운에 맡기고 살아갈 수는 없다. 구원에 대한 가르침은 어떤 조직이나 직분에 의지하지 말고 하나님의 말씀에 준하여 스스로 공부하고 기도하며 말씀 연구에 시간을 보내야 한다. 그러지 않으면 옳고 그름을 판단하기가 쉽지 않을 것이다.

나는 바로 이런 문제를 중요하게 여겨 3년 전 갈렙바이블아카데미를 설립했다. 그래서 복음주의 정통 신학자들을 모시고 평신도 리더를 대상으로 한 강의를 시작했다. 그동안 많은 사람들이 공부하고 자신의 신앙을 정돈하며 새롭게 배우고 있다. 돌이켜보면 하나님이 기뻐하실 만한 정말 귀중한 사역이고 보람 있는 일이 아닐 수 없다.

나는 오랫동안 이 땅에 올바른 신앙을 가진 크리스천 리더가 나오기를 바라며 기도해왔고 또 갈렙의 모든 교수님, 학생들과도 항상 기도하고 있다.

이제 또 9월 중순이면 새로운 학기가 시작된다. 이미 좋은 강사분들로 커리큘럼이 모두 짜여졌다. 이번에도 많은 신입생들이 들어와 함께 공부했으면 한다.

하나님을 바르게 알아가는 이 과정이야말로 하나님이 함께하시는 거룩한 교육 사업이라고 생각한다. 이 과정을 만든 이사장으로서 갈렙바이블아카데미가 계속 발전하도록 후원하는 일에 더욱 나서야겠다는 각오를 다진다.

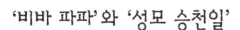

'비바 파파'와 '성모 승천일'

2014년 8월 우리나라 곳곳에서 터져나온 '비바 파파' 외침은 큰 감동으로 다가왔다. 가난한 자와 낮은 자를 향한 프란치스코 교황의 사랑의 메시지는 강력했다. 스스로 겸손한 모습을 보인 교황의 자세는 다른 종교 지도자와는 크게 다른 모습이었다. 연출된 것이 전혀 없다고는 생각하지 않지만, 교황에게서 진실한 모습을 발견하고는 존경하는 마음이 생겼다.

2013년 3월 교황 취임식이 열렸을 때 본 모습에서도 교황이 진정으로 말씀을 실천하고 있다는 느낌을 받았다. 참으로 신선한 충격이었다. 마침 우리 교회들이 일부 목회자의 비행 때문에 사회로부터 심하게 지탄받던 때라, 교황의 리더십이 더 존경스러웠던 기억이 난다. 그때 이미 상당수의 기독교도가 가톨릭으로 옮겨가고 있었고, 아마 이번 교황 방문 후에도 가톨릭으로 개종하는 개신교도의 수가 많을 것으로 예측된다.

그러나 우리 기독교인은 가톨릭에 대해 좀 더 진지하게 생각하고 역사를 되짚어볼 수 있어야 한다.

내가 주일학교 선생을 하고 있을 때, 교사용 교재에서 '이단에 대한 정의'를 본 적이 있다. 거기에는 '여호와의 증인', '박태선의 전도관', 그리고 '가톨릭 교회'가 이단이라고 쓰여져 있었다.

나는 목사님께 "가톨릭이 우리 개신교의 모태인데 왜 이단이냐"고 의아해하며 여쭤본 적이 있다. 그 당시엔 정확하게 설명해주는 목회자가 없어 그저 교재가 잘못되었다고만 생각했던 것 같다.

'비바 파파'와 더불어 성모 승천일도 많이 회자되고 있다. 하지만 성경을 공부하다 보면 성모 승천에 대한 사실이 성경 어디에도 없다는 것을 알게 된다. 성모 마리아는 단순히 인간일 뿐이다. 성경에 없는 사실을 가르치는 교리는 우리의 신앙에 왜곡을 가져온다는 생각이 든다.

또 항상 의심을 가졌던 것은, 죄를 사해주는 권한이 하나님과 예수님 이외에 인간인 사제들에게도 있다는 점이었다. 고해성사를 하면 신부가 죄를 사해주는 교리는 비성경적이라는 의심을 지울 수가 없다. 어떻게 인간이 인간의 죄를 사해줄 수 있는지 모르겠다.

그리고 가톨릭의 성물주의는 더욱 미신적이라는 생각이 든다. 성인의 시체나 어떠한 성물에 치유의 효과가 있다고 한다면 그것은 성경에 없는 가르침이다. 이것이 가톨릭의 교리이고 이 교리가 성경 말씀보다 우선해서 교육된다면 우리 신앙에 큰 잘못이 생길 수 있음을 유의해야 한다. 성경 말씀 이외에 어떠한 다른 것을 가르친다면 천사라도 하나님께 벌을 받을 것이라는 성경 말씀이 떠오른다.

말씀 중심의 기독교와 제사 중심의 가톨릭은 언뜻 비슷해 보이지만, 깊이 들어가면 교리 면에서 전혀 다르다. 하나님만 믿는 종교는 유대교와 이슬람교도 마찬가지다. 그러나 차이는 크다.

가톨릭은 콘스탄티누스 황제의 기독교 공인 당시, 이미 국교로 되어 있던 다신교의 영향을 받았다고 고대 역사가 증명한다. 제우스, 아테네 등을 모시던 신관들이 신부로 개종을 하고 그들의 기존 종교 의식이 가톨릭으로 많이 들어와 흡사 불교와도 비슷한 느낌을 주는 것이다. 이는 남미 가톨릭에 가보면 여실히 느낄 수 있다.

다신교 사상 중 여신 숭배 사상의 일종이 마리아 숭배로 나타났다는 신학자들의 설명이 많다. 이 여신 숭배는 바빌론의 세미라미스 여신 숭배, 이집트의 이시스 여신 숭배, 로마의 아테네 여신 숭배로 이어지는 고대 바빌론 종교의 답습일 것이라고 역사학자들은 설명한다. 그리고 이 설명을 귀담아 듣고 있는 신학자들도 많다.

루터의 종교개혁은 바로 이런 내용들 때문에 백성들로부터 호응을 받은 것이다. 그리고 이 교세가 폭발적으로 퍼져나간 것이 개신교다. 우리 한국 교회는 초대 교회의 신앙을 순결하게 계승하고 말씀 중심의 교리로 천만 성도를 자랑했던 시절이 있었다.

빌리 그레이엄 목사님의 집회 때엔 우리도 백만이 넘는 성도들이 모여 간절한 기도를 드렸다.

'아, 옛날이여!' 란 노래 가사가 떠오른다.

지금 우리는 물질적으로 풍요로워졌으나 교인 수는 매년 줄어들고 사회에서 존경받지 못하는 기독교가 되었다. 올바른 교리와 신앙관을 가진 교회 신도들조차 자신감 없이 천주교로 개종하는 사람이 늘고 있는 형편이다. 불교로 개종한 교인도 많다고 한다.

하나님의 순수 성경 말씀이 우리에게 있는데 왜 그리도 중심을 잡지 못하는지 모르겠다. 교인도 자신의 신앙을 잘 지켜야겠다.

성경

다신교

여신 숭배

교회 목회자들도 말씀을 잘 가르쳐야 할 것이다.

위기의 시기를 잘 넘길 수 있도록 성령 하나님께 간구하고, 바른 성경 교육과 더불어 투명하고 윤리적인 교회 운영을 통해 사회에서 존경받는 목회자가 많이 배출되길 바란다.

하나님의 뜻이 회사에서 이루어지게 하옵소서

"하나님의 뜻이 우리 회사에서 이루어지게 하옵소서."

오늘 아침 나의 입에서 나온 기도 내용이다.

나는 항상 '하나님의 뜻이 이 땅에 이루어지옵소서' 라 생각하고 그렇게 기도해왔다. 그러나 어느 날 다시 생각해보니 그것은 매우 추상적이고 남의 이야기 같은 말이었다. 마음속 깊이 와 닿는 기도가 아니라 그저 형식적인 미사여구로 '이 땅' 이라는 말을 사용하고 있었던 것이다. 그러다 문득 이런 생각이 들었다.

'아! 하나님의 나라가 '우리 회사' 에 이루어지게 하는 것이 바로 내가 해야 할 크리스천의 임무로구나!'

많은 기독 실업인들이 깊은 신앙생활을 하고 교회에 봉사하며 전도도 많이 한다. 기적 체험을 간증하는 것을 들은 적도 많다. 그러나 이러한 하나님의 은혜를 통해 내가 속한 직장을 하나님의 나라로 만들어가고 있다는 이야기는 별로 들은 적이 없다.

미국 LA의 어느 사업가는 신앙생활을 철저히 하고 교회에 봉사하는 장로님인데도 직원들의 임금이나 복지 등에 인색해 그 직원들의 전도를 막고 있다는 이야기를 들은 적이 있다.

기독 실업인이 전도하는 가장 좋은 방법은 자신의 직원들에게 인정받고 존경받는 것이다. 직원들로부터 인정받고 존경받지 않으면 하나님의 이름을 높이지 못한다고 생각된다. 회사에서 신우회 생활을 열심히 하고 예배를 열심히 드려도 인격적으로 경영을 잘하지 못하면 오히려 역효과가 날 수 있다. 직장 상사로서 부하직원에게 그리스도의 향기를 느끼게 하지 못하면 안 된다. '저 사람 때문에라도 난 절대로 교회에 나가지 않겠다'고 말하는 사람이 있어선 안 된다.

직장에서 동료들과 회식을 할 때 비싼 안주는 많이 먹으면서도 '나는 기독교인이라 술은 먹지 않습니다'라고 말하며 술값을 내지 않아 왕따를 당하는 사람도 있다. 그런 사람일수록 '술은 먹기 싫더라도 술값은 좀 내면 얼마나 멋있게 보겠어'라는 동료 직원의 이야기를 귀담아들어야겠다.

기독교인의 정체성은 술 안 마시는 데 있지 않고, 격조 높은 인격과 남들이 인정하는 도덕성에 있다. 신앙생활은 교회에서 교육을 잘 받아서 곧잘 하는데, 삶에 대한 교육은 교회에서 하지 못하고 있다. 신앙과 삶이 일치하는 인격이 바로 야고보 사도가 말씀하시는 믿음의 실체가 아니겠는가.

믿음과 행위는 결코 다른 것이 아니며, 믿음이 있으면 자연히 좋은 행위가 따라온다는 설명이다. 행동이 없으면 믿음도 없다는 말씀이다. 믿음이 있으면 좋은 행동으로 인해 자신이 속한 가정, 직장 그리고 사회가 하나님의 나라가 된다는 설명이다.

회사를 운영하면서 기독교인으로 사는 것이 쉬운 일은 아니다. 그리고 회사를 하나님의 나라로 만드는 것은 더욱 힘든 일이다. '하나님의 뜻이 우리 회사에서 이루어지게 하여주시옵소서' 라는 기도 제목은 죽을 때까지 평생 가지고 가야 하는 것이다.

오늘도 나는 나의 모든 행동과 결정으로 인해 하나님의 뜻이 왜곡되지 않게 되기를 다짐해본다. 그러면서도 나약한 나 자신을 또다시 발견하고 또 한 번 좌절한다. 그래도 다시 힘을 내 하루의 일과를 시작한다.

"성령께서 나의 생각과 입술과 혀를 주관하여 주시옵소서."

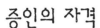

증인의 자격

'땅 끝까지 증인이 되라'는 말씀이 생각난다. 나는 아직까지도 이 말씀을 선교를 '하라'는 뜻으로만 여겨 전도와 선교만 생각해 왔다.

언젠가 강남 대로변에서 자동차에 확성기를 단 채 큰 소리로 "예수 천당"을 외치는 소리를 들은 적이 있다. 그 소리가 무척 시끄러워 듣는 사람에게 불쾌감을 주는 것은 아닌가 우려스러웠다.

어떤 날엔 이상한 옷을 입고 '예수=천당'이라 적힌 어깨띠를 두른 채 지나가는 사람들에게 전도지를 전하는 분도 보았다. 가만히 지켜보니 전도지를 받는 사람은 적었고 오히려 피하는 사람이 많았다.

지하철에서도 전도하는 분을 가끔 만난다. 옷이 매우 누추해 민망한 생각이 들었다. 그럴 때마다 '예수님의 증인이라는 분들이 사람들로부터 신뢰와 존경을 받는 옷차림이라면 더 많은 사람이 귀를 기울일 텐데' 하는 생각이 들었다.

매주 1회씩 회사 안에서 예배를 드리며 하나님을 증거하는 사장님이 계신다. 그러나 그 사장님은 월급 문제로 직원들로부터 신망을 잃었고, 인격적으로도 존경을 받지 못하는 분이라고 한다. "예수님의 증인으로서 신뢰와 존경을 받지 못하는데, 직원들이 교회에 출석하고 싶은 생각이 들지 의문"이라는 직원들의 이야기에 정말 그렇겠구나 하는 생각이 들었다.

분쟁 중인 어느 교회의 목사님은 설교 시간에 자신의 결백을 계속 이야기하는데, "말씀의 앞뒤가 맞지 않아 그 설교 시간이 너무 힘이 들었다"는 어느 집사님의 이야기도 생각났다.

예수님의 증인은 말과 행동이 일치해야지 그렇지 않으면 오히려 천국의 문을 막고 자신도 못 들어간다는 사실을 성경은 우리에게 전하고 있다. 예수님의 증인이 되기 위해서는 올바른 말과 신뢰 가는 인격이 뒤따라야 할 것이다. 그래야 그 증인의 말을 믿고 예수님을 영접할 것이 아니겠는가.

증인이 거짓말을 하고 믿지 못할 인격을 지닌 채 예수님을 증언

하면 하나님을 망령되게 하는 일이 아닌지, 또 증인 된 설교자가 망령되고 헛된 말로 나쁜 목적을 가진 설교를 한다면 듣는 자들에게 유익이 적을 뿐더러 도리어 듣는 자를 망하게 하는 일이라고 생각한다.

수많은 신도들이 이 때문에 교회를 떠나 '가나안 교인'이 된다면 하나님께 그 책망을 어떻게 받을 것인가. 나 자신도 이에 해당되는 일을 얼마나 했는지 반성해보니 부끄럽기만 하다.

큰 교회에는 금그릇과 은그릇뿐만 아니라 나무그릇과 질그릇도 있다. 귀하게 쓰이는 것도 있고 천하게 쓰이는 것도 있다. 모두 다 금그릇이 아니다. 그러나 자신의 달란트가 작다고 실망할 필요는 없다.

자신을 깨끗하게 하면 모든 선한 일에 준비되어 주인의 쓰임을 받는다. 하나님이 인정하시면 그것이 바로 행복 아니겠는가.

교회에는 깨끗한 마음으로 하나님을 섬기는 성도가 있는가 하면 악한 자들도 있다. 교인이라고 모두 좋은 사람은 아니라는 얘기다. 나는 그들과 서로 논쟁하지 말 것을 권한다. 논쟁하다 보면 다툼과 분쟁이 생기기 때문이다. 그보다는 좋은 사람들과 함께 믿음과 사랑과 화평을 따르는 것이 좋다고 생각한다. 그러다 보면 하나님이 그들에게 회개함을 주사 진리를 알게 되고 하나님께 사

목적대로 쓰임 받는 크리스천

로잡혀 선한 일에 함께하게 될 것이다.

증인은 본인 스스로 하나님 말씀을 옳게 분별하고 신뢰받는 인격과 거짓 없는 말을 갖춰야 한다. 부끄러울 것 없는 자가 되어 하나님께 드리기를 힘쓰는 것이 중요하다.

전도를 하기 전에 자신의 행위를 돌아보고 자신이 얼마나 상대방에게 믿음을 주는가를 반성해보자. 그런 다음 하나님 말씀을 전한다면 전도가 그리 어려운 일이 아니리라 확신한다. 전도하는 것은 어려운 일이 아니나 증인으로서 자격을 갖추는 것은 정말 힘든 일이다.

"하나님, 저를 당당한 증인으로 사용하여 주시옵소서"가 오늘의 기도 제목이다.

여행은 돌아갈 집이 있어 행복하다

얼마 전 일본 여행을 다녀왔다. 지난 2011년 발족한 '갈렙 밝은 문화 은목회' 고문 목사님 열두 분을 모시고 각 교단의 단합과 화합을 위한 원로들의 고견을 듣고 온천도 즐기는 여행이었다. 각 교단의 원로 총회장님들이라 경륜과 덕망이 있는 분들이다. 서로 항상 존중하며 대화도 늘 즐거운 모임이라 한 분도 빠짐없이 전원 참석했다.

이번 여행길은 무척이나 힘들었다. 우리의 여행 기간 동안 도쿄에 40년 만에 폭설이 내렸기 때문이다. 그 때문에 목적지인 호텔은 가지도 못했고, 고속도로는 강제로 통행이 차단되어버려 스무 시간 정도나 차에 갇혀 있어야 했다. 추운 날씨에 모든 차량이 길거리에 멈춰선 채 밤을 새우게 된 것이다. 당연히 잠도 편히 자지 못했고 음식도 부족했다. 심지어 생리 현상도 쉽게 해결하지 못해 매우 힘들었다.

그런데 놀라운 것은 고속도로에 갇힌 일본인들의 태도였다. 그들은 무슨 일이 벌어졌냐는 듯 평온한 태도를 취했다. 지나칠 정도로 요동이 없었다. 조용히 정부의 지시에 순종하는 모습에 감탄이 절로 나왔다. 과연 질서의 나라 일본이라는 생각이 들었다. 만약 이 일이 한국에서 벌어졌다면 어떤 일이 생겼을까.

이윽고 눈을 치우는 공무원이 도착했다. 일을 시작하는가 싶었는데 눈은 치우지 않고 1회용 소변 용기만 나눠주고 다닌다. 매뉴얼에 따른 준비가 다 되지 않았기 때문이라고 했다. 몇몇 장비가 오지 않았다는 이유로 다른 모든 사람들이 일을 안 하고 기다리고 있는 것이다. 3시간 정도면 끝날 일을 20시간이 넘도록 안 하고 있는데도 불평하는 사람이 없다. 한국의 '빨리빨리' 문화 속에서 살아온 사람은 이처럼 매뉴얼에 따라 사는 나라의 문화를 이해하기 힘들 것이다.

그러다 정말 큰일이 났다. 차에 기름이 떨어져 추워지기 시작한 것이다. 버스가 움직일 기름도 없는데 히터를 켜는 것은 생각도 못할 일이다. 추위와 공포 속에서 아무도 이야기하는 사람이 없었다. 모두 기도를 시작했다. 그러자 기적처럼 눈이 그치고 새벽에 길이 조금 열려서 점심을 먹고 근처의 호텔로 갈 수 있었다.

한 목사님의 말씀이 명언이었다.

"목사는 성령이 없으면 안 되고 버스는 기름이 없으면 안 됩니다."

모두들 동감했다. '기름을 미리 준비합시다' 가 그날의 명언이었다.

20시간 이어진 버스 속 대화의 주제는 단연 교회연합운동이었다. 한 합동측 목사님이 "우선 저희 교단의 가스총 사건에 대해 부끄럽게 생각합니다"라는 인사로 이야기를 시작하셨다. "제 생각에는 모든 연합운동을 해체하고 하나로 다시 시작하는 것이 좋겠습니다"라고 하자 반응이 영 시큰둥하다. 그게 가능한 일이 아니라는 생각인 모양이다.

이번에는 다른 한 분이 한기총(한국기독교총연합회) 성토를 시작하신다. 한기총 지도부가 영 못마땅한 모양이다. 이 문제에는 모두 공감한다는 발언이 나왔다. 또 한 분은 "현재 하나로 모이기는 힘들지만, 의견이 일치되는 부분만이라도 하나가 되어보자"며, "기름 유출 사건 때 기독교가 하나 되어 정말 큰 성과를 내지 않았느냐"고 예를 들었다. 고개를 끄덕이는 분이 많았다.

그 다음 주제는 WCC(세계교회협의회)에 관한 것이었다. 이 주제에 대해서는 격론이 있었다. 잘못하다가는 언쟁이 될 만한 이야깃거리였다. 옹호하는 목사님이 "저번 회의 때 격렬한 반대 시위는 너무 심하지 않았느냐"고 말씀하니, 반대 교단측 목사님이 "일부 긍정은 하지만 근본적인 문제는 WCC에 있다"며 극히 부정적인 의견을 내놓았다. 그러자 한 목사님이 "WCC가 한국전쟁 때 구호물자를 얼마나 많이 주었는지 아느냐"며, "많은 목사님들을 해외로 유학 보냈고, 특히 독재정권과 투쟁할 때 큰돈을 주어 민주화에 공헌을 했다"고 말했다. "도시산업선교회, YMCA 등 민주투사에 대한 전적인 지원을 잊지 말자"고 항변한다.

그러나 또 다른 분의 이야기는 조금 달랐다. 오히려 그때 유학 간 목사님들이 종교다원주의를 교육받아 한국에 에큐메니컬 운동을 가져왔고, 이것이 교회 분열의 근본 원인이 되었다는 항변이었다. "'병 주고 약 주고'가 WCC의 문제"라며, "사회운동과 민주화에 대한 공은 인정하나, 자유신학이 한국 교회에 미친 영향과 분열에도 어느 정도 책임이 있다"고 항변했다. 논쟁이 너무 격렬해지자 한 목사님이 나서서 이제 그만하자며 끝냈다.

그날 밤 묵은 호텔은 무척 마음에 들었다. 폭설 때문에 장시간 고속도로에 고립돼 있다가 온천을 즐기고 맛있는 음식도 먹을 수

복음주의
신앙

목적대로 쓰임 받는 **크리스천**

있게 되었으니 이 어찌 행복하지 않을 수 있으랴. 하룻밤의 짧지만 달콤한 휴식이 있어 모두들 행복해졌다. 격렬한 논쟁이 있었음에도 마음 상한 분이 한 분도 없었다. 모두 유익한 시간이었다고 즐거워했으며, 오히려 폭설로 인해 마련된 토론의 장이 무척 기뻤다고 했다. 이번 여행을 주관했던 나 자신도 행복했다. 그리고 이렇게 높은 영성을 가진 분들과의 여행을 통해 한국 교회의 힘을 보았다.

하나님만 사랑하고 성령님과의 동행을 기뻐하는 보수적 신앙을 가진 목사님들, '신학'은 자유신학과 복음신학으로 나뉠지라도 '신앙'은 모두 보수/복음주의 신앙을 가진 원로 목사님들에게 많은 것을 배울 수 있었고 그래서 행복했다.

이 세상 광야에서 여행하는 우리에게는 돌아갈 본향이 있어 행복하다는 생각이 들었다. 우리에게 준비된 하늘나라의 축복을 생각하면서 즐거운 여행을 마쳤다.

말이 많은 영화 『노아』

2014년 8월에 개봉한 『노아』라는 영화는 참 시끄러운 평을 가진 영화다. 목회자들의 의견도 둘로 나뉜다. '봐도 된다'는 의견과 '절대로 보면 안 된다'는 의견이다.

우리 가족들도 예매를 했다가 결국 취소했다. 신앙 교육상 좋지 않다는 의견을 따른 것이다. 아들은 '자신의 성경 지식으로는 감당할 수 없는 내용'이라서 포기했다고 한다. 도대체 무슨 내용이기에 이렇게 시끄러운지 궁금해 큰 맘 먹고 저녁 시간을 내서 영화를 관람했다.

생각했던 대로 영화의 내용은 인본주의적 성경 해석이 주를 이룬다. 게다가 성경 이야기와도 전혀 맞지 않는다. 한마디로 새로운 성경 이야기, 창작된 노아 이야기다.

하나님을 인간을 멸살하려는 악한 하나님으로 설정하고, 노아가 자유 의지로 인간의 멸종을 막는다는 스토리는 너무나 반기독교적인 발상이다. 그리고 영화 후반부에서 하와를 유혹한 뱀 껍질이 마치 드라빔처럼 노아의 자손을 이어가게 한다는 내용은, 사탄을 창조주로 숭배한다는 느낌마저 줄 정도로 충격적인 결말이었다. 성경을 잘 모르는 비신자들이 하나님을 아주 잔인한 하나님이라고 오해할 만큼 영화는 충분히 설득력 있게 만들어졌다. 그래서 더 걱정스러운 마음이 들었다.

얼마 전 유명한 성악가 한 분과 이야기를 나눴는데, 미국을 비롯한 서구에서는 이미 이런 식으로 개작된 내용의 오페라가 성행한다고 한다. 원작과 동일한 오페라는 한국에서만 볼 수 있다고 한탄했다.

기독교계도 마찬가지다. 인본주의가 기본이 된 자유신학은 이미 이와 유사한 종교다원주의를 주장하며 사람의 힘으로 무엇이든 할 수 있다는 주장을 펴고 있다. '그리스도 외에는 구원이 없다'고 이야기하면 테러리스트와 유사한 광신도라며 몰아붙이는 시대가 되었다. 하나님의 주권으로 세계 역사가 움직인다는 신학은 이제 한국에서도 그리 환영받지 못한다. 지난 WCC 총회 때 벌어진 논쟁에서 정통 교리가 소수 의견으로 치부되어 몰리는 것을 보며 그렇게 느꼈다. 예수님이 말씀하신 '네가 말세에 믿는 자를 보겠느냐'는 성경 구절이 문득 생각난다.

교회뿐만이 아니다. 이단들의 활동도 무척 심각하다. '하나님 어머니'라고 부르는 종교는 그래도 애교가 있다. '내가 바로 재림 예수'라고 주장하는 종교, '내가 곧 하나님'이라고 주장하는 종교 등 정말 시끄러운 시대다.

왜 그런 종교에 많은 사람들이 몰리고 열심히 믿는 것일까? '십사만 사천 명이 구원을 받는데, 당신과 몇 사람만 더 들어오면 곧 천당의 문이 닫힌다'고 이야기하면 분명히 황당한 소리로 들릴 텐데도, 그것을 맹신하며 재산과 모든 것을 다 바치는 지성인이 적지 않다. 물론 정상적인 교회에도 목회자의 금전 문제, 세습 문제 등 비윤리적인 문제가 존재하고, 그럼에도 '아멘' 하고 '목사님만 믿습니다'를 외치는 지성인도 적지 않다. 도대체 왜 그러는 것일까.

우리가 교회에 나가는 목적은 무엇일까. 교인들끼리 네트워크를 형성해 서로 위로를 주고받기 위해서일까. 기도하면 복을 주신다는 기복 신앙에 젖어, 더 큰 복을 준다고 하니 더 열심히 교회 생활을 하는 것은 아닌가. 아니면 정신적으로 위로를 받고 싶어서, 혹은 외로움을 달래기 위해서, 혹은 감성을 자극하는 CCM 노랫소리가 그리워서 나가는 것은 아닐까. 우리는 곰곰이 생각해볼 필요가 있다.

더 나아가 혹시 도움을 얻기 위해서, 또는 사람을 만나기 위해서 교회에 열심히 봉사하고 출석하는 사람은 없는지 한번 짚어보고 갈 때가 되었다.

오직 하나님의 말씀이 그리워서, 그리고 성도들이 연합하여 기도하는 것이 그리워서, 가난한 사람이나 도와야 할 사람들을 위해 함께 봉사하는 것이 그리워서 나가던 예배당이 무척 그리워진다.

성령 하나님이 오늘도 동행하시어 나를 감찰하시고 지켜주시는 것에 감사해 교회를 사랑하는 사람들도 물론 많다. 다만 교회가 말씀으로 교인을 잘 양육한다면, 어떤 이단에도 현혹되지 않을 것이며 이런 영화에도 흔들리지 않을 것이다. 하나님 말씀으로 무장된 크리스천은 어떠한 유혹과 환난도 이겨낼 수 있을 것이기 때문이다.

교인들의 성경 지식이 많아질수록 목회하기가 더 힘들다고 생각하는 목회자님이 혹시 계시다면, 하나님이 정말 슬퍼하실 것이다.

어렵게 얻은 한 영혼을 병들게 하는 사람이 있다면 그 책망을

목적대로 쓰임 받는 크리스천

하나님께 어떻게 들을 것인가. 영화『노아』를 통해 하나님을 나쁜 신이라고 생각하고 절대로 하나님을 믿지 않겠다는 사람이 나타나면 이 영화를 제작한 영화사와 시나리오를 쓴 작가는 어떤 책망을 받게 될까.

혹시 나도 이와 유사한 잘못을 저지르고 있지는 않은지 자기 점검도 해본다. 하나님께서 맡기신 달란트를 주의 뜻대로 쓰게 해달라는 기도를 드린다.

스마트폰 교인

얼마 전 신문에서 눈길을 끄는 기사를 보았다. 『공병호의 성경 공부』라는 책을 소개하는 기사였다. 공병호 박사는 유명한 경제 전문가이자 전경련 부설 자유경제원 초대 원장을 지낸 분이다. 그런 그가 종교 서적을 썼다는 것이다.

나는 전에 몇 번 그를 만난 적이 있는데, 만날 때마다 성경 이야기를 하면 빙긋이 웃기만 하던 그였다. 그가 쓴 모든 책에는 개인의 노력으로 어떠한 일도 할 수 있다고 되어 있다. 1%의 가능성만 있어도 도전하면 된다는 철저한 인본주의적 생각을 가진 분이 나이 50세가 넘어서 이런 책을 쓰다니 아주 의아하고 생경하게 여겨졌다. 자신이 과거에 주장했던 일관된 생각을 바꾸어 종교 서적을 쓴다는 게 얼마나 어려운 결정이었겠는가. 그뿐인가. 책을 써서 생활하는 전문 작가로서 종교 서적을 쓴다는 것 자체가 정말 어려운 결정이었겠다는 생각이 들었다.

먹고 사는 문제를 초월하여 새로운 길을 걷고 있는 그에 대한 궁금증이 생겨서 즉시 책을 구입해 읽어보았다. 몇 페이지 읽지 않아 나는 깜짝 놀랐다. 내가 60년이 넘도록 종교 생활을 하면서 공부를 통해 갖게 된 신앙관과 성경 지식보다 더 높은 수준의 내용이 들어 있는 게 아닌가. 그를 칭찬하는 마음도 들고 질투하는 마음도 생겨서 즉시 전화를 걸었다.

30분 정도 긴 통화를 했다. 먼저 질문부터 했다. "당신의 책을 읽어보니 신앙의 깊이가 굉장히 깊은데 언제 예수님을 믿게 되었고 어떻게 해서 이런 수준의 글을 쓰게 됐느냐"고 말이다. 그리고 "당신의 신앙은 특히 복음주의적이고 신본주의적인 신앙이다. 요즘 인본주의 신학과 자유신학이 널리 뿌리를 내리고 있는데도 어떻게 이토록 확실한 신앙을 설명하고 있느냐"고 덧붙였다. "혹시 신학을 공부했냐"고도 물었다.

그의 대답은 의외였다. 처음에는 성경을 읽다가 감동이 와서 보다 깊이 공부하게 되었다고 했다. 목사님들의 설교를 휴대전화로 정리해서 듣게 되었고, 스마트폰을 통해 좋은 목사님을 찾아 그 설교를 정리, 분석, 연구했다고 한다. 그리하여 그 나름대로 신학 체계를 잡고 깊은 기도를 통해 성령의 인도를 받은 다음, 하나님의 인도로 세상 모든 일을 접어두고 성경 말씀에만 전념했다는 것이다.

그리고 이 깨달음을 자신의 아들에게, 또 모든 사람에게 전하고 싶어서 책을 쓰게 되었다고 한다. 항상 동행하시는 성령 하나님의 인도하심을 받고 있는 것을 감사하게 생각한다고 말했다.

나는 또 한 번 놀랐다. 성령님의 동행을 느끼는 크리스천은 깨어 있는 삶을 살게 된다는 생각이 들었다. '나중 된 자가 먼저 된다'는 성경 말씀을 증명하는 일이었다.

그리고 나 자신에게 부끄러웠다. 그가 일정한 시간을 정해놓고 매일 성경과 기도 시간을 갖고 있다는 이야기에는 마음속으로 큰 도전을 받았다. 전적으로 하나님만 의지하는 생활을 하고 있는 그가 정말 부러웠다.

'스마트폰 교인'이라는 새로운 단어도 생각해보았다. 문명의 이기가 하나님을 믿게 하는 아주 좋은 전도의 도구가 될 수 있다는 생각이 들자, 게임이나 오락만 즐길 수 있다고 여겼던 스마트폰에 대한 편견이 조금은 바뀌는 것 같았다.

부디 그의 신앙이 더욱 강건해지기를 기도해본다. 앞으로 저서

활동의 70%는 성경 말씀의 책만 쓰겠다는 그의 의지도 대단했다. 늦게 예수님을 받아들여도 저렇게 열심이 있는 것은 성령의 감동이 아니면 될 수 없는 일이다.

최근 여행길에서 만난 분에게 공 박사 이야기를 전했다. 그분은 수십 년 동안 성경을 보았고 신학 서적을 읽었는데도 아직 확신이 없다며 학문적인 예수님만 이야기했다.

그래서 나는 "당신은 책은 많이 읽었으나, 인본주의 신학자의 책을 너무 많이 읽어서 혼돈이 오고 있다"며, "신학 서적은 선택을 잘 해야 한다"고 이야기했다. 그리고 그분께 『공병호의 성경 공부』를 권했다. 복음주의적, 신본주의적인 신앙이 아니면 무슨 소용이 있겠느냐고 말했더니 태도를 바꿔 꼭 그 책을 읽겠다고 약속했다.

지성인은 오히려 하나님 앞에 나오기가 쉽다. '방황하고 저항하는 영혼에 올바른 말씀이 들어가면 금방 순종하는구나' 하는 생각이 들었다. 신앙은 성령 하나님의 역사가 꼭 필요하다. 신학은 반드시 복음적이어야 하고, 미련할지라도 십자가와 예수님의 보혈의 역사를 이야기하지 않으면 오히려 지성인을 전도하기 어려울 것 같다.

나를 낮추고 예수님만 높이는 겸손한 크리스천이어야 하나님이

목적대로 쓰임 받는 **크리스천**

함께하신다. 많은 지성인이 이를 깨닫고 하나님 앞에 겸손히 나와야 하나님이 기뻐하시는 일에 쓰임을 받을 것이라 믿는다.

"하나님, 감사합니다. 그리고 하나님만 섬기겠습니다"라는 신앙 고백을 다시 한 번 해본다.

영화 '킹스맨'과 베리칩, 그리고 666

영화 '킹스맨-시크릿 에이전트'는 B급 스파이 영화라고 한다.

그런데 이 영화가 내가 평소 관심 있어 하는 베리칩에 관한 부분과 연결되어 있다고 지인이 권유해준 덕분에 일부러 시간을 내어 보게 되었다.

이 영화는 우선 무척 재미있다. 시간을 보내기에 아주 좋은 구성을 가졌다. 신나고 재미있는 장면이 많아 아무 생각 없이 보다 보면 영화가 벌써 끝나 있다. 웃으면서 영화관을 나설 수 있도록 잘 만들어진 영화다.

그러나 뒤돌아 생각해 보면 영화의 주제는 정말 심각한 내용이 아닐 수 없다. 비록 공상 만화 같은 주제를 갖고 있지만, 그 내용은 말세에 우리 삶에서 현실화될 수 있을지 모르는 것들에 대한 예고와 같기 때문이다.

그것은 바로 요한계시록의 중심 내용 중 하나인 '짐승의 표'에 관한 것이다. 흔히 '666'이라고도 하고 '악마의 표'라고도 한다. 사탄이 그 짐승의 표로 인간을 노예화하고 조종한다는 계시록의 말씀을 현실 세계에 적용시킨 것이 바로 '킹스맨'이라고 말한다면 너무 비약이 심하다고 나를 공격할 사람도 있을 것 같다.

성경에는 분명히 사탄이 인간의 손이나 이마에 특정한 증표를 심어 조종한다는 내용이 있다. 특히 건강을 체크하고, 위치를 추적하며, 이 표를 통해 물건을 사게 한다. 신용카드를 대신해 매매하거나 신분을 확인하는 등 모든 기능이 이 짐승의 표로 이용된다고 성경은 말한다.

특히 이 표가 없으면 해외여행도 가지 못하고, 취직도 할 수 없으며, 심지어 누구에게 살해를 당해도 흔적을 찾지 못한다. 무서운 표다.

하나님은 성경을 통해 이 짐승의 표를 절대로 받지 말 것을 당부하신다. 하지만 미국에서는 이미 '오바마 케어' 법안이 통과되어, 쌀알만 한 칩을 사람 몸에 심기 시작했다. 이 표를 통해 건강 정보를 삽입하고, 위치 추적이나 테러 방지 등에 활용하고 있다.

이 표를 가지면 쉽게 사람을 통제할 수 있다. 이것을 미국에서는 '베리칩' 이라고 부른다.

영화 '킹스맨' 에서는 컴퓨터로 사람의 호르몬을 자극해 폭력적으로 만들고 교회 내에서 서로 살육하게 하는 장면을 충격적으로 그려내고 있다. 사람의 생각과 육체를 지배하는 무서운 세력과 킹스맨 조직원 간의 대결이 선악을 연결시켜 흥미를 더해주고 있다.

이 베리칩은 한국의 S사가 생산해 미국 정부에 납품한 제품이다. 그리고 이제 한국도 애완견부터 부착을 실시했다. 아마 한국도 실질적인 모든 준비는 다 되었을 것이라는 글을 읽은 적이 있다. 다만 인권 문제 때문에 실시하지 않고 있으나, 언젠가는 이 문제가 수면 위로 떠오를 것이다. 특히 송도 신도시가 세계적인 시범 도시가 될 것이라는 설도 있다.

정말 무서운 이야기다. 이 무서운 이야기를 코믹하게 구성해 우리에게 경각심을 주는 영화가 바로 '킹스맨' 이다. 이런 내용을 잘 모르고 본다면 그저 스릴 넘치는 액션물이겠지만 알고 보면 등골이 오싹해지는 영화인 셈이다. 나는 이 영화를 보면서 우리 신앙인들이 그리스도의 재림에 대한 경각심과 말세신앙을 다시 한 번 확인해야 한다는 생각을 하게 되었다.

주님의 때가 되어 이 세상이 새 하늘과 새 땅으로 되는 날, 나의

믿음

말세

666　　베리칩

위치는 과연 어떨 것인가. 나 스스로의 신앙을 점검하는 계기를 영화 킹스맨이 가져다 주었다.

아울러 어떠한 일이 있어도 짐승의 표, 베리칩을 받지 않겠다는 생각과, 내가 살고 있는 동안에 한국에서 이 베리칩이 시행되지 않았으면 좋겠다는 솔직한 바람도 가져본다. 혹시라도 시행이 된다면 과연 이 환란을 피할 곳이 세계 어느 나라일까 생각해 보기도 했다.

환란의 날, 성령 하나님의 보호 없이 내가 과연 이 땅에서 큰 고난의 시절을 견딜 수 있겠는가. 지나친 종말신앙관이라고 우려하는 분이 있을 것이다. 그러나 환란의 날, 이 날에 대한 준비는 필요하다.

요즘 교회는 대체로 무천년설을 가르치고 있어, 교인들조차 짐승의 표나 666 이야기를 들으면 가볍게 웃어넘기고 만다. 그런 일은 없을 것이고 그것은 하나의 상징일 뿐이라고 가르치고 있다.

과연 그럴까? 성경이 말씀하신 내용이, 간곡히 부탁하는 성경 말씀이 그저 웃기는 예화일 뿐이라면, 왜 성경이 하나님의 감동으로 쓰인 말씀이라고 믿어야 하는지 반문하고 싶다.

성경은 사실이다. 또 사실대로 진행돼 왔다. 하나님은 말씀을 반드시 이루신다. 이것이 진실이라고 믿어야 한다. 그래야 말세를 이겨낼 신앙이 생긴다.

"말세에 믿는 자를 보겠느냐"는 예수님의 말씀이 오늘도 가슴에 진하게 와 닿는다.

제**3**부

성경의 가르침대로
살아가라

세상의 지식과 지혜를 가지고 살되 순결한 마음으로 행동하고 판단하는 사람이 바로 존경받는 사회의 리더가 되고, 빛과 소금의 역할을 하는 좋은 크리스천이 될 수 있다고 생각한다.

연보돈 배달 사고

어린 시절, 어머니께서는 내가 주일학교에 갈 때마다 항상 10원짜리 지폐를 다림질해 꼿꼿이 펴서 주셨다. 그런데 이 돈은 어린 내게 참으로 유혹적이었다. 왕사탕을 사 먹고 싶을 때가 너무나 많았다. 당시 왕사탕은 한 시간 동안 물고 있어도 줄어들지 않을 정도로 컸고, 얼마나 맛있었는지 지금도 달콤한 추억으로 남아 있다.

어느 주일날, 어김없이 빳빳한 연보돈을 받아 집을 나서 교회로 향했다. 가는 도중 가게를 지나다 결국 연보돈으로 왕사탕을 사고 말았다. 교회가 끝나 집으로 돌아올 때까지도 왕사탕은 내 입속에 남아 있었다.

철없이 사탕을 문 채 집에 돌아오자 어머니께서는 "무슨 돈으로 왕사탕을 샀느냐"고 다그치셨다. 나는 이실직고할 수밖에 없었고, 결국 매를 많이 맞았다. 연보돈을 도적질하면 하나님에게 큰 벌을 받는다는 이야기를 듣고 다시는 그런 일을 저지르지 않겠다고 다짐했다. 아련한 옛날이야기다.

그 당시에는 십일조라는 단어가 없었던 것으로 안다. 연보는 가난한 사람, 나그네, 과부, 고아 등을 위해 쓰이고, 이는 하나님을 기쁘게 하는 것이라는 가르침이 교회 설교의 중심이었다. 그래서 그때 나는 어른이 되면 가난한 사람을 위해 무슨 일이든 하고 싶다는 막연한 다짐을 했다.

그 무렵 어머니는 늘 몸이 아프셔서 거의 병석에 누워 계셨다. 그런데도 병원에 안 가시고 매일 기도만 하고 찬송만 부르셨다. 기도로 치유를 받겠다고 고집을 부리셔서 아버지가 매우 답답해하셨다. 신앙으로 치유를 받는 것도 좋지만, 제발 약이라도 드셨으면 좋겠다는 생각을 한 게 한두 번이 아니다. 지나친 신앙은 어린 마음에도 짐이 되었다.

어머니의 병이 조금 나아지면 아버지는 금반지 등을 사서 어머니에게 선물하곤 하셨다. 그러면 몇 달 후 금반지가 연탄과 쌀로 변해 가난한 동네에 뿌려졌다. 이런 일이 몇 번이나 반복되니 아버지의 한숨 소리도 반복되었다.

나는 어머니를 따라 삼각산 기도원에 자주 갔다. 단골 기도 동참자인 셈이었다. 그때 신유로 유명한 K장로의 위력을 보았다. 그분이 설교할 때면 그를 따르는 교인이 얼마나 많은지를 확인할 수 있었다. 그때 K장로의 입지는 정말 대단했다.

그런데 어느 날 K장로를 중심으로 한 종교단체가 생기더니 생필품을 생산하고 파는 공동체 생활을 하기 시작했다. 그들 중에는 자신의 집과 재산을 바치는 사람이 부지기수였다.

많은 목사님들로부터 믿을 만한 신앙을 가졌다고 인정받았고, 따르는 사람도 많고 존경받던 교회의 지도자가 하루아침에 사이비로 변하는 것을 보면서 참으로 가슴이 아팠다. 성령의 은사를 받았음에도 돈 때문에 하나님을 배교하는 모습이 안타까웠다. 회개조차 할 수 없는 성령 훼방죄를 짓고, 지금 그의 영혼은 어디에 있는지 모르겠다.

그 세대가 지나자 T교 시대가 도래했다. 재림 예수를 연상시키는 교리를 보고 이단이라는 이야기가 나왔지만, 그의 세력은 외국에서 너무나도 큰 종교가 되었다. 종교를 떠나 한국 사람이 해외에서 그렇게 큰 종교 지도자가 되었다는 것에 의아해하며 자랑스러운 듯 이야기하는 목소리도 들렸다.

많은 사람들이 재산을 헌납하고 기꺼이 공동생활을 하며 이 종교 재단의 회사와 기업체에서 일하고 있었다. 그 중에는 내 친구도 있었는데, 나를 만났을 때 그는 이런 생활이 행복하다고 했다.

얼마 전 이 종교단체 지도자의 자녀 간 재산 분규가 신문지상에 크게 보도된 것을 보았다. 그러자 문득 이 종교단체에 전 재산을 기꺼이 헌납했던 그 친구가 떠올랐다. 희생자라는 생각이 들었다. 왜 선량한 사람들이 이런 희생자가 되어야 하는지 슬픈 마음뿐이었다. 그 친구는 참 성실한 사람이었고 신앙심도 있었는데 왜 그렇게 되었을까? 기성 교회에서 말씀을 좀 더 잘 가르쳤다면 그렇게 되지는 않았을 것이라는 생각이 들었다. 그의 친지들은 무엇을 했을까. 또 우리 사회는 과연 어떠했던가. 모두가 책임을 생각해 볼 필요가 있다.

이번 세월호 참사도 이와 유사하다. 교단 창립자인 K목사도 정규 장로로 신학교를 나온 장로교 목사다. 무엇이 답답해 새로운 교단을 만들었는지 모르겠다. 그리고 구원받은 날짜와 시간을 이야기하라는 교리는 나에게 큰 도전이었다. 나는 그 날짜를 잘 모른다. 그러나 그 시간을 아는 사람도 있기에 무조건 정죄하고 싶지는 않았다.

교인의 수는 점점 늘어났지만 과도한 헌금 문제와 지나치게 싼

이단

목적대로 쓰임 받는 **크리스천**

인건비 문제가 논란이 되고 있다는 소문이 들렸다. 그리고 그의 사위가 운영하는 사업체가 큰 문제를 일으켰고 결국 이번 참사와도 연관이 됐다. 선량한 신도들이 낸 연보가 배달 사고로 이어진 것이다.

하나님께 드려야 할 연보가 배달 사고를 내고 가정 파탄을 초래했으며 온 국민을 슬프게 만들어버렸다. 연보는 하나님께 드리는 귀중한 돈이다. 이걸 가로채는 것은 대개 사이비 종교 집단의 공통된 특징이다.

성경 해석을 달리하고는 이것을 미끼로 연보돈을 가로챈 것은 하나님 보시기에 심히 나쁜 일이라는 생각이 든다.

정도의 차이는 있지만 현재 기성 교회 중에도 일부 교회가 이런 문제로 신문에 나오고 있다. 교회의 투명성도 한번 짚어볼 때다.

하나님 말씀대로 가난한 자, 나그네, 고아, 과부 그리고 주님이 원하시는 곳을 찾아가는 연보가 되었으면 한다. 우리 주변엔 예산의 50% 이상을 하나님의 말씀대로 쓰는 교회도 있다. 그런 교회를 우리 사회는 존경한다.

"하나님 뜻대로 우리 연보를 받아주시고, 영광을 받아주시옵소서. 그리고 나쁜 지도자에게 속아 일생을 망친 불쌍한 양들을 다시 하나님께 돌아올 수 있도록 도와주시옵소서."

며느리와 장남 이야기

나이가 드니 만나는 사람들마다 대화의 주제가 본인의 노후와 며느리 이야기인 경우가 많다.

최근 만난 한 친구의 이야기가 특이했다. 인터넷에서 본 이야기라 했다. 어느 시골 동네에 천재 소년이 있었다. 이 천재 소년은 시골에서 자라나 서울대학교 법과대학에 입학했고, 재학 중에 고시에 합격해 판사가 됐다. 이 일은 시골 마을의 자랑거리였고 어머니는 잘된 아들 때문에 힘든 농사일도 무척 즐겁게 했다. 아들 덕분에 인생 사는 즐거움을 느끼며 뿌듯해했다.

이 아들이 장가를 갔다. 대단한 부잣집 딸을 며느리로 맞았고 아들은 처가의 도움을 받아 서울 강남의 큰 아파트에 전세를 얻어 살게 됐다.

가을이 되어 어머니는 수확한 농산물을 가지고 아들 집을 찾아 갔다. 마침 며느리는 외출하고 없었고 파출부만 있기에 잠깐 소파 에 앉아 있다 보니 가계부가 눈에 띄었다. "부잣집 딸도 가계부를 쓰는구나" 하는 흐뭇한 마음에 가계부를 읽어보았다.

그런데 가계부에 '촌년 10만 원'이라고 적힌 항목이 나왔다. 의 아한 마음에 날짜를 유심히 살펴보니 며느리가 자신에게 용돈을 보내준 날짜와 일치하는 게 아닌가. 어머니는 깜짝 놀라고 분한 마음에 바로 시골로 내려와 버렸다. 이날 밤 아들에게서 전화가 왔다.

"어머니, 집에 오셨다면서 왜 금방 내려가셨어요? 뵙고 싶었는 데 며칠 계시지 않고요."

"촌년이 어떻게 그런 큰 집에 있겠냐?"고 말을 뗀 어머니는 자 초지종을 이야기하며 서운함을 나타냈다. 어머니의 이야기를 들 은 아들은 깜짝 놀랐고, 다른 한편 부끄럽고 화가 나 어머니와 함 께 눈물을 흘렸다.

그다음 날이 마침 장인 생신이라 처가에 가야 했지만 아들은 일 을 핑계로 가지 않았고, 곧바로 장모에게서 전화가 왔다. 왜 장인 생신에 오지 않았느냐는 것이었다. 장모의 힐책에 이 아들은 "촌년의 아들이 어떻게 감히 그렇게 큰 집에 가겠습니까?"라고 답하며 어머니의 일을 털어놓았다.

이야기를 들은 처가에서는 난리가 났다고 한다. 장모는 즉시 딸을 불러 야단을 쳤고, 딸과 함께 바로 사돈의 시골집으로 내려가서는 사부인에게 백배 사죄하고 올라왔다고 한다. 그 일이 있은 다음부터 며느리의 가계부에는 '촌년 10만 원' 대신 '어머니 50만 원'이라는 항목이 생겼다고 한다.

과장되고 지어낸 느낌도 있어 쉽게 믿기지 않지만, 전혀 근거가 없는 이야기로는 들리지 않았다. 부모에 대한 요즘 자식들의 생각을 읽을 수 있는 이야기였다. 시골에 계신 어머니는 당신의 온 인생을 걸고 아들을 키웠고, 아들의 성공을 큰 기쁨이요 인생의 전부로 여기며 살아가지 않겠는가. 차라리 내가 들은 이야기가 거짓이면 좋겠다는 생각이 든다.

또 한 사람의 이야기는 다른 생각거리를 던져주었다. 조카의 결혼식을 맞아 시골에 계신 어머님이 올라오시는데 동생이 하루를, 본인이 또 하루를 모시며 남산과 시내 관광 등을 시켜드리기로 했다는 것이다. 혹여 어머님께서 불편하실까봐 잠자리를 비롯한 모든 것을 준비하느라 아주 분주했다고 한다.

그러면서 그렇게 하지 않으면 큰형님이 무척 섭섭해하실 거라

부모
공경

고 덧붙인다. 큰형님이 자기네 형제들을 키워주었기 때문에 동생들이 큰형님의 말씀을 아주 잘 듣는다는 것이다. 비록 홀로된 어머니일지라도 장남 하나 잘 키워놓으니 집안의 질서도 서고 어머니도 자손들에게 대우받는다.

집안에서 장남의 역할이 매우 중해 보인다. 형님이 무서워서라도 부모님을 잘 모신다면 본인도 집안도 모두 복 받는 집안이 된다.

성경은 "네 부모를 잘 모시라"고 말씀하신다. "그러면 네가 장수하고 집안에 복을 주신다"고도 말씀하신다. 십계명에서도 유일하게 복을 주신다는 계명은 '네 부모를 공경하라' 는 말씀이다. 지금 이 계명을 기독교인들이 얼마나 실천하고 있는지 모르겠다. 그러나 하나님의 말씀은 변함이 없으시다.

100세 시대를 맞았다. 지금부터라도 부모 잘 모시는 크리스천이 되도록 젊은 세대를 교육하자. 젊은이라도 금방 어버이 세대가 될 것이다. 그리고 부모를 공경하는 것은 성경이 가르치는 중요한 덕목이다.

큰아들 명함을 양손에 꼭 쥐고

우리 회사 직원이 장례식장에서 들었던 이야기다. 문상을 간 그 직원에게 상주인 아들이 눈물을 글썽이며 아버지가 임종하실 때 있었던 일을 전해주었다고 한다.

돌아가신 그의 아버지는 초등학교 교사로서 오랫동안 근무하다, 파킨슨병에 걸려 학교를 그만두고 투병 생활을 했다고 한다. 어머니는 간병을 위해 병원으로 거처를 옮겼고, 지체장애 1급인 동생은 또 다른 치료소에 맡겨졌다. 그리고 자신은 작은 방을 얻어 자취하며 학교를 다니게 되었다. 가장의 병으로 인해 단란했던 가정은 해체되고, 가족은 경제적으로나 정신적으로 큰 어려움을 겪을 수밖에 없었다. 그는 몇 번이나 취업을 하려고 했지만 그때마다 번번이 떨어졌다고 한다.

사실 우리 회사 신입사원 채용 때, 이 청년의 면접을 보고 딱한 사정을 들은 임원진의 의견이 분분했었다. 사람은 성실해 보인다고 모두 인정했으나, 가정환경 때문에 업무에 충실할 수 없다는 의견과 일자리를 주어 해체된 한 가정을 바로 세우면 성실하게 더 일을 잘 할 것이라는 의견이 팽팽했다. 모두들 고민하던 중, 그래도 아버지가 교사였으니 유년기 가정교육을 통해 믿을 만한 품성을 갖고 있지 않겠느냐는 의견이 나왔다.

결국 그는 최종 합격했고 한 달째 성실하게 근무하던 중에 아버님이 돌아가신 것이다. 아버님은 임종의 순간, 큰아들에게 명함을 달라고 하시고는 양손에 그 명함을 꼭 쥔 채 편안하게 운명하셨다고 한다. 죽음이 가까운 걸 아셨던 아버지는 분명히 '큰아들이 살아남은 가족을 책임질 것'이라고 기대하고 확신하셨을 것이다. '나는 죽어도 내가 못한 것을 아들이 책임지고 해줄 것'이라 생각하며 편안히 생을 마감했을 것이다.

우리나라의 장남은 이런 역할을 해야 되는 자리다. 나는 이 청년이 이 역할을 꼭 해야 하며, 잘 할 것이라고 믿는다. 나도 이런 경우를 많이 보아왔고, 나도 이와 같은 역할을 나름대로 해 왔다. 남의 일을 보는 것 같지 않아 가슴이 찡했다.

우리 세대는 가난 속에서도 열심히 일했다. 가난한 한국을 경제 대국으로 이루는 토대를 마련했고 다음 세대에 한국을 이어주고 있다. 불굴의 개척정신과 희생정신으로 자녀들을 교육시키고 민주화의 초석을 만들었다. 보릿고개가 무엇인지, 가난이 무엇이고 전쟁이 무엇인지도 아는 세대다. 풍요보다는 가난이 주는 희망이 무엇인지 아는 세대다. 가난 속에서도 자신보다는 가족을 생각하고 양보했던 사람이 많았던 세대다.

이들은 봉제 공장의 먼지 속에서, 가발 공장의 고된 노동 속에서도 수출을 생각하고 가족을 생각하면서 다음 세대를 키워왔다. 그리고 지금은 힘이 없는 세대가 되었다. 이제부터는 풍요 속에 자라난 자녀들의 큰 역할이 기대된다.

경제 부흥 속에서 교회의 부흥도 이루어냈다. 하지만 지금 교회는 부유해지고 돈이 많아지면서 많은 문제를 일으키고 있고, 신학도 하나님께 매달리던 기도의 신앙에서 '하나님은 잠깐 쉬고 계시면, 우리가 주인이 되어 무엇을 해보겠습니다'라고 하는 자유신학이 흥왕하는 세대가 되었다.

그래도 하나님은 우리와 함께하고 계신다. 우리가 조금 잘못 생각했더라도 바로 되돌아올 것이라는 희망을 잃지 않고 계신다. 왜냐하면 한국에는 아직도 깨어서 기도하는 '기도의 용사들'이 많

희망

이 있기 때문이다. 그래서 나는 기도한다.

"성령 하나님, 오늘도 우리와 동행하시고 우리를 간섭하시어 우리 부모들이 우리에게 베풀어주신 은덕을 다시 한 번 생각하게 하여 주시옵소서. 우리에게 맡겨진 다음 세대에게 하나님의 자비와 사랑을 전하게 하여 주시옵소서."

또 이렇게도 기도한다. "삶이 풍요로워지고 세상의 유혹이 심해져도 하나님을 떠나지 않는 자손들이 되게 하옵소서."

그리고 이런 경우에 기업의 존재 이유가 무엇인지, 기업이 얼마나 중요한 역할을 하는지도 생각해보는 시간이 되었다.

"하나님, 감사합니다. 이렇게 간섭하여 주시고 저를 선히 사용하여 주시는 하나님께 감사의 기도를 드립니다."

회장 보살님 이야기

경상도 출신의 독실한 80세 불교 신자 한 분이 있었다. 대구에서 크게 사업을 하던 남편 덕분에, 대구의 큰 사찰에서 '회장 보살님'이라는 호칭으로 불렸다.

이 회장 보살님이 본인이 느낀 자신의 종교 생활에 대해 솔직하게 이야기했다. 자손이 잘 살고 남편의 사업이 잘 되는 것은 부처님의 덕분이라고 항상 생각했다고 한다. 그래서 남편 사업을 통해 100억 벌던 것에서, 더 나아가 1,000억 쯤 벌게 해 달라는 뜻으로 큰돈을 사찰에 시주했다. 스님들이 집중적으로 그 소원을 위해 목탁을 두드려 주었고 기도를 해 주어서 너무나도 든든했다. 그리고 식구들이 아프면 절에 의존했고 그때마다 큰 시주를 했으며, 또 좋은 결과를 얻었다고 한다. 모든 것이 부처님의 은덕이라고 생각하고 살았다.

그러다 몇 해 전 남편도 저세상으로 가고 자녀들도 모두 출가해 잘 살고 있으니 사찰에 가서 마지막 시주를 크게 하고는 "이제 시주할 능력이 없다"고 선언하고 돌아왔다고 한다. 그런데 그 후로 절에서는 연락이 끊겼고 그렇게 친절하던 스님들의 방문도 뚝 그쳤다. 무척 섭섭했다고 한다.

원래 사찰은 그 지방의 돈 많은 사업가나 지주들이 주요 신도다. 그들에게 더 큰 부를 주고 자손이 잘 되게 하기 위해 불공을 드려 주는 일을 한다고 한다. 그래서 시주 액수가 정말 크다고 한다. 오히려 일반인은 절에서 그리 반기는 편이 아니라고 한다. 초파일이나 특정한 날만 일반인을 위해 사찰을 개방한다고 한다. 내가 '부유한 계층을 위한 종교냐'고 물었더니 지금은 많이 나아지고 있다고 대답한다. 원래 불교가 가지고 있는 대중 불교의 원리와 다르게 운영된다고 한다. 있는 자를 위한 종교 활동은 좀 어색하다는 느낌이 든다.

조선 시대의 사찰은 지방에서 여행하는 사람들을 재워주고 식사를 대접하는 곳이었다. 지금의 여관 역할을 했고 심지어 빨래까지 해 주었던 민중의 사랑방이었다.

그런데 그 보살에게 대구의 작은 교회가 전도를 시작했다. 거의 이틀에 한 번씩 전화가 와서는 "교회 나오세요", "노인 학교 오세요"라고 권유한다고 한다. 점심도 드리고 선물도 준다는 말에 '한 번 가볼까' 하는 생각을 했지만 자신이 죽고 나면 교회에서 제사를 못 지낸다고 하니 자손들이 모일 기회가 없어질까 봐 절대로 교회에 나가지는 않는다고 이야기했다. 그러나 한편으로는 그들이 자신에게 보내준 관심이 매우 고마웠다고 한다.

예전에는 며느리에게 '절에 갔다 왔느냐'고 꼭 물어보았는데 요즘은 왠지 말하기가 싫다고 한다. 교회 때문이란다. 예전에는 예수쟁이라면 절대 접촉도 하지 말라고 하던 보살님이 이제는 마음이 변했다.

그리고 손자가 데려온 기독교인 신붓감에게도 결혼을 승낙했다고 한다. 며느리가 앞으로 제사를 지낸다면 손자와 교회에 나가도 좋다는 조건으로 양가가 협의했다고 한다. 완고한 회장 보살님의 집안도 복음화가 되어 간다. 모두 조그만 개척 교회 신도들의 열성 때문이다.

복음을 위해 노력하는 크리스천의 역할을 듣고 무척 감격스러웠다. "우리가 예수님을 전파하여 각 사람을 권하고 모든 지혜로 각 사람을 가르침은 각 사람을 그리스도 안에서 완전한 자로 세우

복음화

려 함이니 이를 위하여 나도 내 속에서 능력으로 역사하시는 이의 역사를 따라 힘을 다하여 수고하노라"는 성경 말씀을 따르는 우리 크리스천들의 열성이 결국 하나님의 보좌를 움직일 것이라는 생각이 든다.

이 땅의 복음화를 위하는 모든 이들에게 하나님의 축복이 있을 것이라 확신한다.

100세 시대, 베트남에서 배우는 효심

몇 년 전 천안에서 있었던 일이다.

직장을 서울에서 천안으로 옮긴 친구가 천안으로 내려가 조그만 집을 구입하고는, 이사 가기 전에 매입한 집을 방문했다. 집 안에는 80세가 넘은 할머니께서 혼자 살고 계셨다.

그 할머니는 방문한 구매자를 붙잡고 통사정을 하셨다. "우리 집을 절대로 사지 말라"고, "60년 넘도록 살며 정이 많이 든 이 집에서 나를 내보내지 말아달라"고 말이다. 이미 아들에게도 마음을 돌려달라고 애원했다고 하셨다. 오랫동안 손때가 묻은 이 집에서 생을 마칠 수 있게 해달라는 얘기였다.

그러나 아들의 태도는 냉정했다. "저희가 어머니를 돌볼 수 있는 형편이 안 되어서 좋은 요양병원에 입원시켜드리려고 하고 있다"는 대답이 돌아올 뿐이었다.

그 말을 그대로 전하니, 할머니는 "나는 절대로 이 집을 떠나지 않을 것이며 병원에도 가지 않겠다"고 단호하게 말씀하셨다. "내가 왜 아들에게 이 집을 넘겼는지 후회가 된다"고도 덧붙이셨다 한다. 그보다 몇 해 전 아들이 돈이 많이 필요하다고 해 집을 넘겨주었기 때문이다. 지금쯤 그 늙은 어머니는 요양병원에 가서 잘 지내고 계실까.

다른 가정의 이야기다. 효심이 좋은 아들이 혼자 계신 어머니의 건강이 나빠져 걱정하다가, 부산에 있는 누님이 어머니를 모시겠다는 말에 감사하게 생각해 승낙했다고 한다. 그런데 노모는 타 지방에서 딸과 사는 것보다, 지금 사는 작은 아파트일지라도 아들 옆에서 살겠다고 완강하게 주장했다고 한다. 그래서 그냥 아들이 모시기로 했다는 이야기다.

오늘날 노인들은 100세 시대를 살고 있다. 과학의 발전으로 수명이 늘었기 때문이다. 그러다 보니 몸이 아파도 요양병원만은 가지 않게 해달라고, 현재 살고 있는 집에서 지낼 수 있게 해달라는 부모님의 애절한 요구가 어느 가정에나 있을 법하다. 그러나 요즘 젊은 세대는 살기가 그리 만만치 않다. 다들 무척 바쁘고 힘겹다.

효에 대한 인식도 크게 바뀌고 있다.

여기 또 다른 이야기가 있다. 내가 베트남에 의약품 수출을 시작했을 때니 지금으로부터 20년 전쯤으로 기억되는데, 한번은 어떤 베트남 청년을 만났다. 아주 조그만 의약품 도매상을 하는 사람이었는데, 키가 작았고 옷차림이 매우 초라했다. 그는 당시 베트남에서 잘 팔리던 우리 회사 제품인 '홈타민 진생'의 대리점을 맡겠다며 나를 찾아왔는데, 그의 행색이 너무 초라해서 망설였던 기억이 난다. 그러나 그의 눈빛만은 참으로 강렬했다.

세월이 지나 '홈타민 진생'은 베트남의 영양제 시장에서 1위 제품이 되었고, 그 청년도 제약회사를 만들고 베트남에서 큰 갑부가 되었다.

그 사장의 아버지 나이가 84세 정도 되었는데, 암에 걸려서 싱가포르 병원에서 수술할 예정이라고 했다. 그리고 도저히 치료가 되지 않아 걱정이라는 이야기도 들었다. 그러더니 얼마 후 다시 미국의 큰 대학병원으로 옮겨 수술을 받았다고 했다. 대단한 건 베트남 사장이 미국의 병원 옆에 집을 얻어 1년 동안 간병을 했고, 그의 동생들도 병간호를 위해 미국으로 건너가 살고 있다는 이야기였다. 온 가족이 아버지의 병간호를 위해 1년 이상 미국에

효도

서 타지 생활을 하다니 참으로 듣기만 해도 감격스런 이야기가 아닐 수 없다.

결국 아버지의 병이 완치되어 지난해 크리스마스 때는 온 식구가 귀국했다고 한다. 돌아와서는 큰 식당에서 자축연을 열었다고 한다.

나는 그 소식을 듣고 정말 부끄러운 생각이 들었다. 이 정도로 지극한 효심은 생각을 훨씬 앞서는 일이다. 베트남 사람이라 한국인보다 효심이 적을 거라고 쉽게 생각했던 내가 정말 부끄러웠다. 요새 그는 베트남 교회에 잘 나가고 있다. 함께 일하는 약대 교수도 가끔 교회에 같이 나간다고 한다. 처음에 내가 하나님 이야기를 할 때 정말 진지하게 받아들이던 모습이 퍽 인상적이었는데, 같이 10년 넘도록 일하니 나와 어느 정도 마음이 통했던 모양이다.

십계명 중 4계명까지는 하늘에 관한 계명이고, 5계명부터는 땅에서의 계명이다. 그 중 제일 먼저가 "네 부모를 공경하라. 그리하면 네가 이 땅에서 오래 살고 네 기업에 복을 주신다"는 말씀이다.

베트남에도 한국에도 그리고 세계 어느 곳에서나 하나님의 약속은 그대로 지켜지고 있다는 것을 확인할 수 있는 기회였다.

경상도 노총각의 결혼작전

경상도 지방에서는 조상을 모시는 것이 제일 중요한 덕목으로 꼽힌다. 그런데 요새 어느 신부가 제사가 많은 장남과 결혼을 하고 싶어하겠는가.

경상도에서는 전통적으로 제사가 중요하다. 몇 대째 사이가 나쁜 가문이라도 제사상에 올라갈 명품 제수를 선물하면 원한이 풀린다고 할 정도다. 그만큼 지역적인 특성이 강한 곳이다.

그런 경상도의 어느 종갓집 장남이 나이 삼십이 넘어 장가를 가야 할 때가 되었는데도 마을에서 마땅한 처녀를 찾지 못해 애를 태우고 있었다. 그러던 중 우연히 눈에 확 띄는 여자를 발견하고 열심히 노력했다. 정말 눈물겨운 노력이었다고 한다.

그런데 막상 결혼 이야기를 꺼내니 신부네 집안이 철저한 기독교 가정이라 제사는 못 지낸다고 딱 잘라 말하는 것이었다.

몸이 단 노총각은 꾀를 내었다. 부모님이 살아계실 동안에는 제사를 드리고 돌아가시면 없애겠다고 약속한 것이다. 대신 자신도 교회에 나가고 나중에 애를 낳으면 애들도 교회에 나가도록 하겠다고 했다. 이렇게 협상을 하고 승낙을 받아서 결국 결혼에 성공했고 지금까지도 약속이 잘 지켜지고 있다 한다.

잘은 모르나 교회에 애들을 데리고 가면 왠지 편안하고 기쁘다고 한다. 애들도 주일학교에 나가서 배울 것이 많다고 한다. 그래서 주일날은 온 가족이 교회에 나가 행복한 하루를 보낸다고 한다.

그리고 제사를 좀 간단하게 근대적인 방법으로 약식 제사를 드린다고 한다. 이런 타협이 하나님 보시기에 합당한지는 모르겠으나 주일날 열심히 교회에 나가는 새신랑을 볼 때 신앙이 영글어가기를 기원할 뿐이다.

하나님이 제일 싫어하시는 일이 하나님 이외의 다른 신에게 절하거나 우상을 섬기는 일이다. 하나님에게 의지하고 기도를 해서 모든 문제를 해결해야 하는데 점을 보는 행위도 다른 신에게 절하는 것과 같다. 많은 기독교 교인들이 점을 보고 결혼할 때 택일하고 궁합을 보기도 하는데, 이런 일들은 우상숭배와 같다고 한다. 모두 금해야 될 일이다. 이 일로 큰 파장을 겪은 많은 신자들을 보아왔다.

홍콩을 여행하면서 이곳에서는 예수 믿기 힘들겠다는 생각을 했다. 결혼식부터 시작해 모든 일상생활과 문화가 미신과 관련되어 있는 것을 확인했기 때문이다. 그러면서 나는 참 행복한 나라에 살고 있다는 생각이 들었다.

가톨릭은 이러한 미신 문화를 세속화라는 명분으로 모두 수용하고 있어 선교하기는 쉽겠다는 생각이 들었다. 가톨릭은 모든 제사를 허용하고 타 종교도 인정하고 있다. 유일신을 섬기는 기독교의 본질에서는 떠났으나 인간적인 종교를 확장하는 데는 편리한 면도 있다. 그러나 이런 지나친 세속화가 하나님의 뜻과 같은지도 생각해볼 문제다.

물론 성경에는 우상에게 절하는 문제에 대해 약간의 예외로 보여주는 구절은 있다. 열왕기하 5장 18절 이하의 글에 나오는 엘리사 선지자와 나하만 장군의 대화에서다.

한센병을 고침받은 나하만이 엘리사에게 맹세하면서 "이제부터 모든 희생 제사를 여호와 이외 어떤 신에게도 드리지 않겠습니다. 그러나 한 가지 하나님께서 저를 용서하여주실 것은 저의 임

금이 저를 의지하여 아담왕의 신전인 림몬에게 절할 때 제가 림몬의 신당에게 허리를 숙이는 일은 어쩔 수 없습니다. 이것을 허락하여 주시옵소서"라고 이야기하니 엘리사는 평안히 가라고 말씀하셨다. 어쩔 수 없는 상황에서 우상을 숭배하는 마음은 없으나 부득불 몸을 숙이는 것은 용서하여 달라는 말을 엘리사가 묵인해 주는 성경 구절이다.

앞에서 본 경상도 새신랑도 이와 같은 뜻을 가지고 신부와 약속했고 이를 이행하고 있으니, 하나님께서는 용서해 주실지도 모르겠다. 그러나 조상신을 섬기는 마음으로 절한다면 우상숭배가 될 것이다. 이는 분명히 용서될 수 없는 일이다.

부디 하나님이 잘 인도하여 그 가정이 하나님이 지배하시는 가정이 될 것을 기원한다.

묻지도 따지지도 말고 예쁘다고만 말해주세요

38세 노총각의 결혼식에 참석했다. 어느 재벌 그룹의 과장으로 근무 중인 인물 좋은 노총각이다. 신부는 매우 예뻤다. 결혼식이 진행되는 내내 자신감 넘치는 미소를 띠고 주변 사람들과 눈인사를 나눴다. 드라마에나 나올 법한 당당한 모습의 신부를 보면서 그 신부 참 똑똑하다는 생각이 들었다. 신세대 신부는 역시 다르다며 같이 간 사람들도 칭찬을 했다. 그러나 나는 신부의 자신만만한 표정과 미소에서 말로 표현하기 힘든 어떤 슬픔과 반항의 얼굴을 보았다. 웬일일까.

결혼식이 끝난 후 신랑의 아버지에게 "어떻게 저런 예쁜 며느리를 구하셨느냐"고 물었더니 다음과 같은 이야기를 들려주었다.

몇 달 전 노총각 아들이 찾아와 "아버지, 며느리 보고 싶으시죠?" 하고 물었다고 한다. "당연하다"고 대답한 그에게 아들이 말했다. "그러면 제게 약속을 하나 해주세요. 만나면 가족, 학교, 고향 등 어떤 것도 묻지 마시고 그냥 예쁘다고 두 번씩 말해주시는 거예요. 약속하시면 소개시켜드릴게요." 아버지는 별로 내키지 않았지만 약속을 지켰고, 드디어 오늘 결혼식을 하게 된 것이다. 신부는 어느 재벌 그룹의 마케팅 담당 직원이라고 한다.

결혼식 날짜를 왜 하필 주일로 정해서 교인들이 오기 힘들게 했느냐고 물어보았더니 의외의 대답이 돌아왔다. 며느리가 결혼 날짜도, 예식장도, 예식비용도 모두 결정하고 아들을 통해 자신에게 승낙 받도록 했다는 것이다.

사실 이 아버지도 재벌 그룹 임원 출신이다. 회사에서 한가락 하며 인사부장까지 지냈던 분으로 매우 똑똑하고 자존심이 강한 분이다. 이 분의 이야기를 듣고 있자니 신부가 똑똑한 것은 틀림없지만 상대적으로 신랑은 유약해 보였고, 아들의 혼사에 부모님이 아무런 역할도 하지 못하는 것을 보니 새내기 신부가 마음에 거슬렸다. "나이 들고 돈 못 벌면 다 이렇게 된다"는 그 아버지의 말을 들으니 내 마음에 서글픔이 다가왔다.

마침 신랑이 내 옆에 앉기에 한마디 했다. "예식장에서 남자가 너무 웃고 다니면 공처가 된다." 그러자 신랑은 씩 웃고 만다. '공처가일지라도 아내가 월급을 많이 받으니 괜찮다'는 뜻이냐고 묻고 싶었지만 꾹 참았다.

결혼 날짜와 예식장 등 결혼 관련 사항을 주관하는 결정권은 신랑 집 쪽에 있다는 내 상식이 무너지는 순간이었다. 아직도 시아버지는 며느리의 학력 등 모든 것을 모른다고 한다. 해도 너무 하다는 생각이 들었다.

당당한 신부의 모습에는 그동안의 사회 경력과 지혜로움, 건강함이 드러난다. 모든 것에 부족함이 없어 보인다. 그러나 아무리 찾아봐도 부모님에 대한 예의, 존경심, 그리고 한 가문의 일원으로 들어간다는 책임감 등은 없어 보였다.

한 남자와 결혼하는 여자로서 자기가 자신의 위치를 설정하는 것 같았다. 내가 너무 과장하는 것이 아닌가 하는 생각도 들었지만 마음 한 구석에 의문이 지워지지 않았다.

요즘은 입사철이라 신입사원 면접을 많이 본다. 모두 똑똑하고 시험 성적도 좋다. 소위 말하는 '스펙'이 모두 뛰어나다. 아마도 '내가 좋은 학교를 다녔고 성적도 좋으니 당연히 내가 합격할 것'이라는 자신감이 있을 것이다.

그러나 내가 생각하기에는 웬만한 대학을 졸업한 사람이라면 일을 하는 데 전혀 지장이 없다. 회사는 성적 좋은 사람을 뽑는 것이 아니라 회사에 들어와 도움이 될 만한 사람을 뽑는 것이다. 회사와 면접자의 생각에는 이런 차이가 있다.

인생은 똑똑하다는 이유만으로 인정받고 성공하는 것이 아니다. 성경에는 '뱀같이 지혜롭고 비둘기같이 순결하라'는 구절이 있다.

그동안 이 구절의 의미를 잘 이해하지 못했으나 며칠 전에 한 주석을 읽으며 깨달았다. 고대 중동 지방에 '뱀같이 지혜롭다'라는 속담이 있었다고 한다.

이것이 유대인들에게는 익숙한 속담이라 예수님께서 이를 인용해 말씀하셨다고 한다. "이것만으로는 부족하다. 지혜와 지식이 많아도 이를 잘못 활용하면 교만해지고 더 나아가 남에게 피해를 주며 사기를 치는 사람이 된다."

지혜와 지식을 가지는 것은 나쁜 일이 아니다. 다만 비둘기같이 순결한 마음을 동반해야 세상을 이길 수 있다는 말씀이다. 우리 크리스천도 따뜻한 사랑, 비둘기같이 순결한 마음을 갖고 세상에 나아가면 세상을 이길 수 있고, 빛과 소금의 역할을 할 수 있으리라 생각해본다.

교회 안에서는 믿음이 좋다고 인정받는 좋은 교인이 될 수 있지

순결한
마음

만 세상에 나와서는 힘이 든다는 생각이 든다. 세상의 지식과 지혜를 가지고 살되 순결한 마음으로 행동하고 판단하는 사람이 바로 존경받는 사회의 리더가 되고, 빛과 소금의 역할을 하는 좋은 크리스천이 될 수 있다고 생각한다.

"하나님 감사합니다. 우리에게 지혜를 주시고, 우리가 세상에서 당당히 그리스도인임을 말할 수 있는 좋은 크리스천이 되게 하여주시옵소서."

결혼식을 통해 본 세상만사

'갈렙 밝은 문화 은목회'의 고문 분들과 최근 오키나와에서 작은 포럼을 열었다. 각 교단의 총회장을 지낸 분들이라 배울 점이 많다.

여정 중 이분들의 관심사는 일본에서 십자가를 발견하는 것이었다. 그러나 좀처럼 십자가는 보이지 않았다. 드디어 한 분이 "아! 저기 큰 십자가가 보인다" 하며 손을 들어 가리키셨다. 정말 큰 건물에 십자가가 보였다. "이런 곳에 어떻게 이렇게 큰 교회가 있는지 모르겠다"고 누군가 말씀하셨다. 일본에 왕래가 잦았던 나는 저 건물이 교회가 아니라는 사실을 알고 있었다.

"목사님, 저건 예식장입니다. 천주교 성당을 본뜬 예식장은 더 많지요. 신부님 복장이나 목사님 복장의 주례도 있고, 요즘은 미국 목사님 모양의 주례가 유행이랍니다."

내 대답에 모두 실망하는 기색이 역력해졌다.

요즘 한국의 한 성당에는 평일에도 결혼식이 계속 이어진다. 한 분에게 자초지종을 물은 적이 있는데, 그분의 답은 간단했다.

"저 성당은 예식 행사가 전문인 성당으로 큰돈도 벌었습니다. 결혼식장으로 꽤 유명해요."

나는 의아해서 다시 물었다.

"성당에서 결혼하려면 천주교 신자가 아니면 안 되는데, 어떻게 성당에서 할 수 있나요?"

"사장님은 잘 모르시는군요. 저 성당에서는 일주일 전에만 신청하면 하루 만에 교적에 등재되고 세례를 받을 수 있습니다. 간단하게 교리 공부를 시키고 세례명도 만들어준대요. 예식비도 싸고 지하 식당에서는 저렴한 음식을 대량으로 매입해서 질 좋고 값싼 음식을 제공한다고 합니다. 제일 좋은 예식 행사를 진행해 준다고 유명세를 타고 있어요."

"일거양득이군요."

"교인도 쉽게 확보하고 돈도 벌죠. 또 혼주에게 경제적 부담을 크게 주지 않기도 하고. 이 성당은 건축으로 빚이 많았는데 모두

갔았다고 합니다."

참 좋은 생각이다. 나는 그러한 아이디어를 낸 분이 큰 상을 받아야겠다고 말했다.

천주교의 변신은 정말 놀랍다. 초기 선교 때 제사 문제 때문에 많은 순교자를 배출했으나, 지금은 제사 문제도 해결되었고 술이나 담배, 심지어 예배 시간도 자유롭게 만들었다. 현대인에게 아주 편리한 선교 방법을 택해 교인 수가 급증하고 있다. 이번에는 성당을 예식장으로 개방하여 시대 조류에 따르고 있다. 그러나 종교의 정체성을 생각할 때 납득하기 힘든 점도 있다.

많은 교회가 자기네 교인 아니면 교회를 사용할 수 없게 한 것은 잘 하고 있는 일이기도 하다. 하지만 한번쯤 생각해 보고 융통성 있는 결정을 내리는 것도 바람직하다.

결혼의 풍속도는 변하고 있다. 주례 없이 신랑 신부 스스로 하는 결혼식도 늘고 있다. 주례를 모시기 어려워서 그러는 경우도 있겠지만, 전통을 따르고 싶지 않은 마음도 있는 듯하다.

요즘 황혼 결혼식은 명칭이 조금 다르다고 한다. 동거 결혼식이라고도 하는데, 결혼식과 모든 것은 같지만 법적 관계는 맺지 않는 결혼식이다. 어떤 목사님이 동거 결혼식의 예배를 주관하시고는 하시는 말씀이, 자녀들의 등쌀 때문에 재혼인 경우 이러한 결혼식이 의외로 많다고 한다. 재산 상속 문제가 자녀들에게는 큰 짐이 되는 모양이다. 다양해진 사회에 다양해진 풍경이 나이 든 세대에게는 금방 이해가 되지 않는다.

미국, 호주, 캐나다 등지에서는 결혼 자체를 하지 않고 그냥 이성 친구로 사는 사람이 아주 많다고 한다. 결혼하면 남자는 큰 부담을 안고 산다고 한다. 혹시라도 이혼하게 될 경우 재산의 반과 양육비를 부담해야 하니 마음 놓고 결혼하기가 쉽지 않다는 것이다.

호주의 어떤 예식장에서는 아이 둘과 함께 예식장에 입장하는 풍경을 흔히 볼 수 있다는 이야기도 들었다. 예식 매니저의 이야기를 들으면서 한국에서도 조금 있으면 이런 풍경을 쉽게 볼 수 있겠다는 생각도 들었다.

결혼은 하나님 앞에서 서로가 서로를 믿고 미래를 약속해야 어려운 일도 기쁜 일도 함께할 수 있다. 좋을 때만 함께하고 힘들 때는 헤어진다면, 결혼의 진정한 의미가 퇴색될 것이다.

우리의 결혼관이 너무 빨리 변하고 있는 것은 아닐까 우려스럽다. 이제 영원히 믿고 같이 갈 분은 예수 그리스도밖에 없다는 생각이 든다. 내가 외로울 때나 힘들 때 그리고 곤경에 처했을 때 믿어야 할 것은 가족일 텐데, 가족이라는 끈이 약해진다면 더욱더

어려운 일도 기쁜 일도 함께

기댈 곳은 예수 그리스도밖에 없지 않겠는가.

신앙 없이 세상을 산다는 것은 정말 외롭고 힘든 인생길이다. 내가 인생의 주인인 시대에 우리의 주인을 예수 그리스도로 바꾸고 그에게 순종하고 보호받는 인생을 산다면, 그 인생은 평안을 가져다주는 즐거운 인생이 될 것이다.

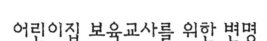

어린이집 보육교사를 위한 변명

요즘 학계에서는 회춘과 중병 치료에 획기적인 방법으로 '안아주기'가 부상하고 있다. 미국에서는 전문적으로 안아주는 직업이 생길 정도다. 우울증 환자들을 비롯해 다양한 환자들에게 상당한 치료 효과를 거두고 있다고 한다. 이 '안아주기' 치료는 30분에 60달러, 1시간에는 100달러 정도로 치료비가 비싼 편이라고 한다.

여성을 안아줄 경우 여성에게서 옥시토신이라는 성호르몬이 분비되어 세포를 활성화시키고 병을 치료해준다고 한다. 특히 면역력이 크게 오른다고 한다. 남성에게서도 남성호르몬이 분비되어 동일한 치료 효과가 있다고 한다.

이 호르몬은 안아주는 것 같은 육체적인 접촉뿐 아니라 정신적으로 선행을 베풀 때에도 분비된다고 한다. 평생 빈민을 위해 헌신적으로 봉사한 테레사 수녀의 이름을 따 '테레사 효과'라고 한다. 다른 사람을 용서하고 배려하며 따뜻하게 정신적으로 안아줄 때 이 호르몬이 나와 자신의 병을 치료한다는 것이다.

직접 선행을 하지 않더라도, 다른 사람이 하는 선행을 보고 감동하기만 해도 이런 효과가 있다고 한다. 용서와 화해의 행위가 자신의 건강을 증진시키고 무병장수하게 해준다는 것은 놀라운 발견이다.

얼마 전 일어난 어린이집 보육교사의 어린이 폭행 사건으로 온 국민이 분노하고 있다. 어린이를 폭행하는 것은 절대 용납될 수 없는 매우 잘못된 행동이다. TV를 보며 어떻게 저런 행동을 할 수 있는가 하는 생각이 들었다. 나도 그 보육교사가 무척 원망스러웠다.

아내가 혼자서 손주 넷을 반나절가량 돌본 적이 있다. 정말 힘이 들었다. 한 녀석은 장난을 치고 있지만 또 한 녀석은 울고 있다. 하루 온종일 보라고 하면 도저히 못할 것 같았다. 결국 두 손 두 발 다 들었고 손주들이 집에 가고 나자 녹초가 됐다.

몇 명 돌보기도 이렇게 힘든데 열 명 이상 되는 아이들을 매일 가르치고 밥 먹이고 보호한다는 것은 쉬운 일이 아니라는 생각이 들었다.

부모들 중에 자신의 아이들을 키우면서 한 번도 매를 들지 않았던 부모가 과연 있을까? 어떤 부모들은 심지어 이 보육교사보다 더 심하게 아이를 대하기도 할 것이다. 물론 이렇게까지 심하게 아이를 학대하는 것은 옳지 않다.

그러나 어쩔 수 없이 아이에게 매를 들 경우, 그 후에 하는 행동이 더 중요하다. 아이를 안아주고 달래주어 부모가 아이를 사랑한다는 것을 알게 하고, 왜 아이를 혼낼 수밖에 없었는지를 잘 설명해주는 것이다. 이것이 '안아주기' 치료법이다.

그런 면에서 보육교사가 과연 어떠한 방법으로 아이들을 안아주었는가가 제일 중요한 점이라 생각한다. 만약 교사가 아이들에게 '안아주기'를 제대로 해왔다면, 그의 행위가 이 정도로 큰 파장을 일으키지는 않았으리라 생각한다.

이제 분노를 조금 가라앉히고 좀 더 차분해지자. 분노는 결국 우리의 건강에 나쁜 영향을 끼치게 된다. 또한 자신의 아이를 키우기 힘들어 어린이집에 맡기고 느긋하게 카페에서 시간을 보내는 일부 엄마들의 양심에도 좋지 않은 영향을 준다. 국가의 양육비 지원이 '내 아이는 내가 키워야 한다'는 옛날 어머니들의 마음을 몇몇 젊은 엄마들에게서 빼앗아갔는지도 모르겠다는 슬픈 생각이 든다.

보육교사는 아직 월급이 적은 사회적 약자다. 이 또한 가슴 아픈 일이다. 이제는 우리가 그 보육교사를 안아줄 차례다. 그를 안아주고, 그에게 아이들을 따뜻하게 안아주는 방법을 가르쳐주는 것이 어떨까 한다.

성경을 읽으며 도저히 이해가 되지 않았던 것이 '원수를 사랑하라'는 가르침이다. '왼 뺨을 맞으면 오른 뺨도 내밀어라', '5리를 동행하자고 하면 10리를 동행하라', '겉옷을 빼앗기면 속옷도 주어라' 등 도저히 이해가 되지 않는 가르침 말이다. 이것을 누가 과연 실천할 수 있을까 하는 생각을 하며 살았다.

그러나 이를 실천하고 철저히 따랐던 분이 계셨다. 바로 손양원 목사님이다. 신사참배를 거부해 감옥에 갇혀 일본인들로부터 죽을 고생을 했으나 그들을 용서했고, 여순 사건 때 자신의 두 아들을 공산당에게 잃고도 오히려 그들을 용서했다. 게다가 자신의 아들을 죽인 학생을 자신의 양아들로 입양해 그의 사형을 면케 하였다. 그리고 자신도 한국전쟁 때 공산당에게 목숨을 잃었다.

그는 또한 천형의 한센병 환자를 평생 사랑했던 분이다. 이분이야말로 사랑을 실천하신 분이다. 그래서 이 분을 '사랑의 원자탄'

원수를 사랑하라

이라 부른다. 예수님의 가르침을 몸으로 실천한 분이다.

기독교 최고의 가르침은 '형제를 네 몸과 같이 사랑하라' 다. 지키기 쉽지 않은 가르침이다. 이보다 더욱 지키기 힘든 것이 바로 '원수를 사랑하라' 다. 머리로는 이해를 하나 실천하기는 무척 어려운 가르침이다. "오호라 나는 곤고한 자로다"라며 힘들어 했던 사도 바울의 탄식도 생각해본다.

나도 조금이라도 이를 실천하고 싶다는 마음도 있다. 이 실천을 통해 나의 건강이 좋아지고 회춘할 수 있다는 욕심도 있겠지만, 예수님의 가르침에 따라 살고 싶다는 욕심도 있기 때문이다.

안아주자. 보육교사도, 우리에게 악을 행한 자도, 그리고 나를 괴롭히고 저주한 자들까지도 품어보면, 하나님의 도우심이 우리와 함께하지 않겠나 하는 생각이 든다.

나의 힘으로는 되지 않아도 성령 하나님이 함께 하신다면 능히 할 수도 있을 것이라는 희망을 가져본다.

알찬 추수감사절 열매

6년 전쯤, 대학교수 한 분이 자신의 삶의 깊은 고민을 내게 털어놓은 적이 있다. 나는 얘기를 듣고 이것이 영적인 문제라고 생각했다. 그러니 이성적으로 접근하기보다 영적인 각도에서 생각하고 해결해보자고 이야기했다.

교수는 내 말을 받아들였다. 하나님께 간구하는 기도를 시작으로, 좋은 교회를 선정해 신앙생활을 해보기로 했다.

그리고 몇 개월이 지났다. 새롭게 시작된 신앙생활을 이어가던 중 어려운 문제가 스스로 풀리는 것을 발견한 교수는 깜짝 놀랐다. 게다가 교회 다니던 것에 반대하던 그의 부모님도 스스로 신앙을 찾고 계신 것을 보고는 더욱 놀라지 않을 수 없었다. 그리하여 마침내 좋은 교회를 찾았고 6년째 착실한 성도로서 신앙생활을 하고 있다. 물론 부인과 자녀들도 모두 신앙인이 되었다.

어려운 가정 문제가 오히려 온 가족을 구원한 것이다. 참으로 놀라운 일이다. 본래 학문적인 뒷받침을 갖추고 계신 분이라, 성경 공부도 아주 깊이 하고 있다. 60년 넘도록 신앙생활을 해온 나보다 오히려 성경을 더 깊이 공부하고 있다는 생각이 든다.

하나님은 시련을 통해서 우리를 부르신다. 그때 하나님께 연결시켜주는 역할을 한 것이 결국 전도라는 열매로 연결되었고, 마침내 그 집안이 모두 구원받는 큰 경사가 난 것이다. 우리가 전도를 목적으로 아주 큰 노력을 하지 않아도, 하나님이 예정한 사람은 하나님의 방법대로 구원하고 계시다는 것을 실증하는 사건이었다.

우연한 일, 그리고 우연한 기회임에도 하나님의 말씀을 정확히 전달할 수만 있다면, 전도는 스스로 열매를 맺게 되어 있다. 지식인을 전도하는 것은 어려운 일이지만, 그리스도의 향기를 성령의 인도로 진실되게 전한다면 그리 어려운 일도 아닐 것이라 생각한다. 교인 수를 늘리기 위한 전도도 있지만, 그것은 참된 전도에 비해 의미가 적은 것 같다.

"다른 사람은 몰라도 이 한 사람의 영혼만큼은 반드시 구하겠다"는 마음으로 전도를 하면 그 기쁨이 더욱 크다. 이런 마음가짐으로 행하는 전도에는 깊이가 있다.

교회는 하나님과 종교 생활 간의 관계를 설정하는 데 큰 역할을 하고 있다. 그러나 생활 속에서 전도하고 그리스도의 향기를 삶 속에 전파하여 어린 양들을 교회로 돌아오게 하는 것은 우리 성도들의 몫이다. "너희의 착한 행실을 보고 하나님을 찬양케 하라"는 사도 바울의 말씀은 우리에게 주는 큰 교훈이다. 다른 사람들로 하여금 내 삶의 모습을 보고 하나님을 찾게 한다면, 그보다 더 하나님께 큰 기쁨을 드리는 일은 없을 것이다.

그러나 한편으로는, 오히려 나 때문에 하나님을 욕되게 하는 일도 많이 하고 있는 것 같다. 나 자신을 돌아보면 하나님께 부끄러울 뿐이다. 오늘 하루도 하나님이 기뻐하시는 일을 하겠다고 기도해보지만, 정작 하루가 다 지났을 때 별로 한 일이 없다는 회개 기도밖에 드리지 못하는 나 자신에게 늘 불만이다.

참, 또 한 가지 축복할 일이 있다. 앞서 언급한 교수의 딸이 교회에 열심히 나가다 결혼을 하게 되었는데, 신랑 될 친구가 스스로 먼저 교회에 나가고 싶다고 해서 몇 달째 같이 나가고 있다 한다. 교수의 사위 자랑이 대단하다.

아직 결혼도 하기 전인데도 사위가 무척 마음에 드는 모양이다.

복음의 열매

신랑 될 집은 부산에 있는데 교회에는 전혀 나가지 않는다고 한다. 그런데 장남이 교회에 나가기 시작하면, 이 교수의 집과 마찬가지로 부모님도 교회에 등록하지 않겠느냐며 기대도 하고 있다. 그리고 그 자녀들도 물론 하나님의 자녀로 성장할 것이다. 하나님의 놀라우신 역사는 오직 감탄하고 찬양할 뿐이다.

이렇게 구원의 열매가 점차 커지면, 온 나라와 다른 나라에 금세 퍼져나갈 수 있다고 생각한다. 이미 충분히 축복받은 결혼이지만, 하나님의 더 큰 축복이 있기를 기원한다. 그리고 이렇게 예비된 자들에게 구원의 길을 열어주시는 성령의 은사에 감사드린다.

할렐루야! 아멘!

제**4**부

감사와 기도로
승리하라

세계는 지금 엄청난 속도로 뛰고 있으나 나는 하나님과
함께 더 높이 뛰어오르고 싶다. 모든 우리 기독인들도 함께
뛰어오르자. 하나님이 함께하실 것이다.

주인 정신과 나그네 정신

도산 안창호(1878~1938) 선생은 '주인 정신'을 교육함으로써 흩어졌던 하와이 교민들을 단결시켰다. 독립운동 자금을 모금해 임시정부로 보냈고, 희망을 잃었던 교민들에게 자립할 용기를 주었다.

하루는 어떤 청년 교민이 도산 선생에게 "여기에는 우리를 이끌어갈 좋은 지도자가 없다"며 한탄을 했다. 그러자 도산 선생은 "당신이 바로 그 지도자가 되도록 노력하십시오"라고 말했다.

'주인 정신'은 내가 모든 것을 책임지고 끝까지 최선을 다하는 정신이다. 옛말에 "대감 집 마님은 좋은 것은 종들에게 시키고 수챗구멍은 본인이 뚫는다"는 말이 있다. 궂은일이나 어려운 일은 주인마님이 직접 나서서 한다는 속담이다. 궂은일을 다 내가 해야 한다면 당장은 손해 보는 것처럼 느껴지겠지만, 그것이 결국 '무형의 재산'이 된다.

흔히 직장 생활은 힘들고 의미 없는 것이라고 생각할 때가 많다. 그래서 자신에게 주어진 일만 하고, 나머지 시간은 삶의 질을 높이는 데 쓰는 것이 현명한 판단이라고 생각하는 사람이 많다.

하지만 정말 그럴까. 직장에서 받는 월급, 즉 '유형의 재산'은 '무형의 재산'에 비하면 가치가 매우 작다. 직장 생활을 통해 사회를 알고 100세 시대를 살아갈 지혜와 방법을 배운다. 이때 배운 노하우, '무형의 재산'을 가지고 자신의 기업을 일으키거나 직장에서 성공하는 경우가 많다.

나도 영업사원으로 근무하면서 열심히 일했던 경험이 사업을 일으킨 원동력이었다고 항상 생각한다. 주어진 일에 '주인 정신'을 가지고 임하면 직장 상사뿐만 아니라 거래처, 부하 직원들에게도 존중을 받는다. 그 성실함이 바로 세상을 살아가는 자신만의 무기가 되는 것이다.

젊을 때 열심히 일하지 않으면 높은 자리에 올라가도 기초가 없어 헛똑똑이라는 소리를 듣는다. "눈물 젖은 빵을 먹어보지 못한 사람은 인생을 논하지 말라"는 독일 대문호 괴테의 직언이 마음에

와 닿는다.

자신의 모든 일을 남의 일처럼 건성건성 하는 '나그네 정신'은 아무리 좋은 학식과 배경을 갖추고 있더라도 결국 나의 인격을 점점 깎아내릴 뿐이다. 내가 주인이라고 생각하면 보이지 않던 것이 보인다. 비단에 떨어진 조그만 핀도 눈에 잘 띄게 되고, 쓸데없이 켜져 있는 전등 하나도 크게 보인다.

우리 크리스천의 주인 정신은 더 고차원적이다. 하나님을 우리의 주인이라고 고백했으며, 그의 뜻대로 살기로 약속하고 신앙고백을 했다. 구약 시대 모세의 십계명은 이스라엘 백성이 하나님과 맺은 언약이다.

"나는 그들의 하나님이고 이스라엘은 나의 백성이니 그들이 언약을 지키고 순종하면 축복하고, 순종치 않으면 벌을 주겠다"는 언약이다. "나의 주인은 하나님이고 나는 그의 어린 양입니다"라는 상호 계약이다. 그래서 하나님의 뜻대로 살아가야 하는 것이 우리 신앙인이다.

하나님의 뜻이 기록된 것이 성경 말씀이다. 언제나 기도를 통해 하나님께 뜻을 묻고 말씀대로 살아가겠다고 다짐한 사람이 우리 크리스천이다. 그런데 언약을 깨고 스스로 주인이 되어 하나님을 떠난 이스라엘 백성은 디아스포라(Diaspora)가 되었고, 세계에

주인 정신

나그네
정신

흩어져 고통을 겪게 되었다.

그러나 그들도 이제 많이 돌아오고 있다. 하나님이 주인이 되어 나의 모든 일에 간섭해주시고 생각과 행동을 인도해주시길 바라는 것, 매 순간 하나님이 기뻐하시는 일을 하려고 노력하는 것이 크리스천의 자세라고 생각한다.

늘 생각은 하고 있지만 막상 그 생각과 거리를 둔 생활을 하고 있는 나 자신을 볼 때면 부끄러운 생각이 든다. 또 한편으로는 노력해야겠다는 마음이라도 주신 성령 하나님께 감사드리게 된다.

"나의 주인 되신 주님, 저를 인도하여 주시옵고 악한 자로부터 지켜주시옵소서. 그리고 예수님을 닮아가게 하여주시고 하나님의 영광을 가로채지 않게 하여주시옵소서."

한 사람의 기적

세계 대부분의 종교는 메소포타미아의 한 지역을 모태로 하고 있다. 바로 갈대아 우르(Ur of the Chaldeans) 지방이다. 이곳에서 흥왕했던 각종 우상 숭배 사상에서 종교가 시작되었다.

이곳에서 아브라함이 터키 지방으로 이동한 후 팔레스타인을 거쳐 이집트로 가 번성한 민족이 다시 팔레스타인으로 들어와 유대교가 되었다. 기독교는 이 유대교를 모태로 탄생했고, 인도로 간 일파에서 다신교인 힌두교가 생겼다. 또 이집트로 건너간 다신교는 그리스를 거쳐 로마의 토속 종교로 이어졌다. 그리고 힌두교를 모태로 불교가 생겼다.

단 몇 줄로 세계 종교사를 논하기는 힘들지만, 이슬람교도 유대교를 모태로 탄생한 유일신교다. 처음에는 유대교와 이슬람교가 형제 종교로서 우호 관계를 유지했었다.

최종적인 종교의 특성상 불교와 기독교로 나누어 생각해보자. 불교에서 구원에 이르는 길은 스스로의 해탈을 통해 부처가 되는 것이다. 고행과 참선을 통해 스스로 찾아내는 길이다.

반면 기독교는 한 사람—아담—으로 인해 인류에 죄악이 들어왔고, 또 다른 한 사람—메시아 예수 그리스도—을 통해 인류가 구원에 이른다. 기독교의 구원은 오로지 하나님의 은혜로 거저 주는 것이다. 그리스도를 믿기만 하면 공짜로 구원을 준다는 교리를 갖고 있다. 불교가 스스로의 고행과 노력에 의해 구원을 받는다고 한다면, 기독교는 은혜로 대가 없이 주는 구원이다. 오직 한 사람, 예수님의 공로다.

구약 성경의 큰 맥락은 한 사람의 왕이 정신을 차리면 모든 백성이 편안하고 왕이 잘못하면 모든 국민이 함께 고통을 겪는다는 것이다. 지도자 한 사람의 역할이 무척 중요하다는 것이 큰 흐름이다.

작년 12월, 우리 회사 공장에 불이 난 적이 있다. 자칫 큰 인명사고나 생산 중단 등 치명적인 사고로 이어질 뻔했다. 한 사람이 옥상에서 피웠던 담배꽁초에서 작은 화재가 발생한 것이다. 불길이 공장 내부에 옮겨 붙었다면 대형 화재로 이어졌을 것이다. 공장에서 근무하던 다른 한 사람이 타는 냄새가 난다고 옥상으로 올라가 본 것이 천만다행이었다. 붙고 있던 불을 즉시 껐다. 한 사람의 담뱃불이 여러 생명을 앗아갈 뻔했다. 그러나 1,000여 명의 삶의 터전을 잃을 뻔한 것을 역시 한 사람의 발견으로 막아냈다.

한 사람은 이처럼 매우 중요하다. 회사의 각 조직도 마찬가지다. 사장이 회사의 운명을 좌우하고, 부서장 한 명의 능력이 그 부서의 승패를 결정짓는다. 준비된 지도자가 국가의 운명도 바꿀 수 있다. 지도자 한 사람의 중요성은 아무리 강조해도 지나치지 않다.

책임을 맡은 지도자는 자기 한 사람이 아니라 부서 모든 직원의 삶을 책임지는 존재다. 스스로 자신이 손해 볼 줄 아는 사람이어야 한다. 높은 자리로 승진하는 것은 기쁜 일이다. 그러나 높은 직책을 통해 어떤 보람 있는 일을 하느냐가 더욱 중요하다. 자신의 욕심과 영예만 즐거워할 일이 아니다. 그것이 책임감이다.

그러므로 높은 자리로 올라가는 것은 큰 짐을 지는 것이라고 생각해야 한다. 겸손하게 자신을 희생하며 국민을 위해 큰 업적을 남길 때 우리는 그를 애국지사라 부르고 존경하게 되는 것이다.

앞의 칼럼에서 도산 안창호 선생이 한 청년에게 한 말을 빌려

본다.

"당신이 스스로 회사를 위하고 국가가 원하는 유익한 지도자가
되십시오."

기대감, 실망 그리고 배신감

많은 사람들은 처음 보는 사람을 만났을 때 어떤 기대감을 갖게 된다. 젊은 남녀가 만났을 경우엔 본능적으로 '나와 좋은 인연이 생길 사람인가'를 생각하게 된다. '나에게 어떤 도움을 줄 수 있을까?', '나에게 무엇을 줄 수 있을까?' 등의 생각을 하게 되는 것이다. 이것이 기대감이다.

그렇게 시작된 인간관계가 자신의 기대에 미치지 못하게 되면 실망감으로 변한다. 그리고 나는 평소 상대에게 잘해 주었다고 생각했는데, 어느 날 갑자기 상대방이 내게 주는 대가가 부정적인 경우 배신감을 느끼게 된다.

그래서 나는 새로운 사람과 관계를 맺는 것에 부담을 느낄 때가 많다. 비즈니스를 할 때도 좋은 사람과만 거래를 하고, 대하기 힘든 사람과는(많은 이익이 예상되어도) 아예 거래를 안 한 경우도 많다. 좋은 사람하고만 교제하며 살아도 짧은 세상인데, 복잡하고 불편한 사람과 인간관계를 맺는 것은 유익하지 않다고 생각해서다.

그만큼 좋은 벗을 갖는 것은 무척이나 중요한 일이다. 옛말에 친구 따라 천 리 길을 간다고 하지 않는가. 부자가 된 친구를 사귀면 돈을 버는 방법을 배우게 되고, 공부 잘하는 친구를 사귀면 학업 능력이 향상된다. 싸움 잘하는 친구를 사귀면 동네 싸움꾼이 된다고 한다.

상대방이 나를 볼 때 어떤 기대를 갖고 있을까를 생각해본다. 상대방이 나를 부자라고 생각한다면 무슨 기대를 하게 될지. 나에게 큰 기대를 가지고 접근하는 사람이 있는데, 그의 기대를 충족해줄 수 없을 때 참으로 미안할 따름이다. 그 사람이 실망할 것을 생각하면 내게는 큰 부담이 생긴다.

당신의 부모님은 당신에게 어떤 기대를 갖고 있는지 한번 생각해본 적이 있는가. 그리고 당신의 친한 벗은 당신에게 어떤 기대를 갖고 있을까?

입사 면접 때 면접관이 "왜 우리 회사에 지원했습니까?"라든가

"당신의 가족 사항은 어떻습니까?"라는 질문을 하면 대부분의 지원자들은 미리 준비해온 내용을 줄줄 외워댄다. "나는 엄격하신 아버님과 자애로운 어머니를 모시고⋯⋯" 식으로 모든 사람이 비슷한 내용을 계속 이야기한다. 어떻게 면접을 통과하겠다는 건지 모르겠다.

입사 지원자라면 우선 회사가 나에 대해 무슨 기대를 갖고 있는지를 파악해야 한다. 무역 관련 직무에 응시했다면 회사는 그 사람의 스펙 중 무역 실무에 대한 이해가 어느 정도인지, 외국어는 어느 정도 할 수 있는지, 성품은 영업 적성에 맞는지, 그리고 그 사람의 성실성은 어떤지 등을 보려고 한다.

이것을 파악하고 요령 있게 자신을 소개하는 사람은 분명히 면접을 통과할 것이다. 회사가 지원자에 대해 갖고 있는 기대감을 충족시켰기 때문이다. 그러나 어떤 사람은 자신의 스펙이 뛰어나고 좋은 학교를 졸업했으며 자신의 시험 성적이 우수하니까 당연히 취직이 될 것이라 생각한다. 하지만 회사 입장에선 그 사람의 성적이 중요한 것이 아니다. 그가 회사에 어떤 이익을 가져다 줄 수 있는 사람인지를 판단하려 한다. 그 기대감을 충족시켜주지 못하고 자신의 똑똑함만 자랑한다면 취직하기는 쉽지 않을 것이다.

나는 어버이자 아들이요 딸이다. 어버이로서 아들로서 딸로서 상대방의 기대감에 얼마나 충족했는가. 또 나는 한 가정의 가장이다. 내 아내나 자식들의 기대감에 얼마나 부응했는가. 그리고 나는 직장의 한 구성원이다. 나는 회사의 기대감에 어느 정도 인정받고 있는가.

주변 동료들에게, 그리고 상사에게 인정받고 있다면 승진과 연봉도 만족스러운 나날을 보내게 된다. 그러나 그 기대에 미치지 못하고 세월만 보냈다면, 나이를 먹었는데도 새내기 신입사원과 연봉이 별로 차이나지 않는다면 다시 한 번 자신을 돌아보는 시간을 갖는 게 좋다.

사람의 기대감은 은행 통장과도 같다. 기대감이 입금되는 감성 통장이 있다. 그 감성 통장에 차곡차곡 저금을 하고 있는 사람이 있는가 하면, 매번 출금을 하고 있는 사람도 있다. 다른 사람들의 감성 통장에 넉넉하게 후한 점수를 쌓고 있다면 그 사람은 좋은 사람이다. 하지만 계속 마이너스를 쌓고 있으면 나쁜 사람으로 분류된다.

우리 모두는 받고 태어난 탤런트가 있다. 탤런트에 따라 능력을 발휘하고 그에 걸맞은 위치에 올라서 있는 사람들이 있다. 많은 탤런트를 가진 사람에게는 많은 기대감을 갖게 된다. 예를 들어 대통령이나 부자들, 사장들에게는 모든 사람이 큰 기대를 가지고

기대감

있다. 특히 빼놓을 수 없는 사람들이 바로 목회자들이다. 사람들은 목회자들에게도 큰 기대를 가지고 있다. 이 기대감을 충족시키지 못하면 나쁜 목회자가 된다.

'지도자 위치에 있는 사람은 그 행동을 삼갈 것'이라는 성경 말씀이 있다. 지도층에 있는 사람은 조금만 잘못해도 금세 비난의 대상이 되어버리는 경우가 많다. 그래서 자신의 품위를 지키는 것은 정말 중요하다.

예수님이 목이 말라 무화과나무에서 열매를 구하셨다. 그런데 무화과 열매가 없었다. 예수님이 그 나무를 저주하니 그 나무가 말랐다는 성경 말씀이 있다. 사회가 그 열매를 요구할 때 우리는 그 열매를 내놓아야 한다. 회사가 능력을 요구할 때엔 그 능력을 보여주어야 한다. 그렇지 못하면 실망감이 클 것이다.

우리 스스로를 항상 돌아보고 말과 행동을 삼가 조심하자. 그리스도의 제자로서 그 모습을 세상에 보여주자. 그리스도인으로서 세상의 기대감을 저버리지 않는, 예수님을 닮아가는 모습을 보여줌으로써 사람들이 우리를 보고 예수님을 믿을 수 있게 하는 크리스천의 모습이 되도록 하자.

젊었을 때 무형의 재산을 쌓아라

이 글은 매일경제신문이 주최한 CEO 특강 때 성균관대 학생들에게 강의한 내용을 이새봄 기자가 정리하여 신문에 큼직하게 실었던 내용을 정리해 이에 몇 가지 덧붙여 쓴 내용이다. 기사 내용은 다음과 같다.

"부자의 밑천은 무형의 재산이야. 유형의 월급이 아니야. 월급 10년을 모아서 부자가 된다는 생각은 버려."

강덕영 한국유나이티드제약 대표는 최근 성균관대에서 열린 매경 CEO 특강에서 대학생들에게 '애정 어린 호통'을 쳤다. 학생들은 흠칫 놀라면서도 금세 강 대표의 이야기에 빠져들었다.

"월급 몇 푼 더 받느냐가 중요한 게 아니야. 돈 버는 방법을 배우는 게 중요한 거야. 그런데 여러분은 그 회사를 무시하고 나쁜 회사라고 생각하지. 그럼 바보가 되는 거야."

강 대표는 '젊었을 때 고생은 돈 주고도 못 산다'는 말을 되풀이했다. 오랜 경험에서 나온 말이기에 반박하기 어려웠다. 강 대표는 대학 졸업 후 10년간 산도스라는 제약회사에서 근무하며 그가 말하는 '무형의 재산'을 모았다. 이후 작은 사무실을 차려 직접 해외 약을 수입해 국내에 파는 사업을 시작했다. 이것이 한국유나이티드제약의 시작이었다. 30년 후 이 회사는 시가총액 2000억 원의 중견 기업이 됐다.

"요새 젊은이들은 편한 걸 좋아하지. 앞만 보고 달려. 하지만 중요한 일과 급한 일은 분리해서 생각할 줄 알아야 해. 급한 일을 쫓아가다가 중요한 일을 놓쳐서는 안 돼. 전체 일과 중 20% 이상은 중요한 일을 하는 데 써야 해."

강 대표의 말은 매우 썼다. 하지만 강 대표 표현대로 '요즘 젊은이'인 청중은 쓰고 뼈 있는 말이지만 삼켜 넘겼다. 그는 심지어 "고약한 상사를 만나는 게 행복한 것"이라고 말해 학생들에게 겁을 줬다.

"사람 좋은 사람 밑에서 일하면 좋지. 하지만 성격이 못된 사람을 만나도 그 사람에게 배울 것을 골라서 배우면 더 빨리 클 수 있어. 그 사람 밑에서 공부를 많이 해서 실무를 배운다는 생각을 가져봐. 그게 무형의 재산을 쌓는 방법이야."

책을 보고 읊는 이야기가 아니라 오랜 시간을 살아내며 겪은 '그의' 이야기였다. 그가 꾸밈없이 말하는 인생 이야기는 아름다운 동화는 아니었다. 하지만 그 안에는 세상을 살아낸 그만의 '비법'이 있었다.

강연이 끝나자 학생들은 용기를 내 그에게 그 '비법'을 물었다. '술·담배 없이도 사람들과의 네트워크를 유지하는 방법'을 묻는 학생에게 그는 "잘 버리는 방법을 터득하라. 술을 못 이길 때는 이기려 들지 말고 잘 피하는 법을 배워야 한다. 단, 술이 무서워 자리를 피하지는 마라"는 지극히 현실적인 답을 내줬다.

"여러분이 싫어하는 말일 수 있어. 하지만 내 경영 이념은 'because of'가 아닌 'inspite of'야. '난 이것이것 때문에 못합니다' 하지 말고 그럼에도 불구하고 해야 한다고 생각하는 사람이 돼야 해."

이 외에도 몇 가지 더 이야기 했는데 공적인 매체라 빠진 내용도 좀 있다. 주로 종교와 관련된 내용이다. 조금 덧붙여보면 이렇다.

목적대로 쓰임 받는 크리스천

무
형
의
재
산

여러분들이 세계적인 기업가나 정치인, 예술인이 되고자 하면 성경을 읽지 않고는 세계사를 이해 못하고 문화를 이해 못하며 일을 성사시키지 못한다.

상대방의 문화를 이해하고 풍습을 알려면 종교를 이해해야 한다. 이슬람교, 유대교, 기독교는 구약성경에 기초를 둔 종교라 성경을 모르면 어떻게 글로벌 리더가 되겠느냐 강조하고 이제부터 교회에 나가 신앙생활을 하라고 조언했다. 학생들 중에서 반발하는 눈빛을 보았지만 그냥 강의를 계속했던 기억이 난다.

모든 사람이 모인 자리에서 하나님을 시인하고 권고하는 일이 하나님이 기뻐하시는 일이라고 생각하니 불만스런 몇 개의 눈동자가 싫지 않았다.

차가운 땅바닥에 던져진 감사

요즘 병원에 갈 일이 많아졌다. 나이가 들면 신체가 고장 나기 시작하는 모양이다. 감기에도 잘 걸리지 않아 평생 병원에 갈 일이 거의 없었던 내가, 최근 자주 병원에 다니면서 느끼는 점이 많다.

병원을 찾는 환자들이 어찌나 많은지, 병원에서 근무하는 사람들이 무척 분주해 보였다. 이리 저리 바쁘게 움직이는 사람들을 바라보면서 아픈 사람들을 치료해주는 의료진이 얼마나 고마운 존재인지 새삼 느꼈다. 이렇게 큰 의료 시설과 고급 장비를 갖추고 국민들의 건강을 지켜주는 병원을 운영하는 분들에게도 감사하다는 생각이 간절했다.

이 모든 것들은 내가 건강하던 때엔 알지 못하고 지나가던 것들이다.

몸에 작은 불편이 생겨도 신체 리듬이 깨지고 생활이 불편해지는 것을 겪어보니 건강이 얼마나 소중한 것인지도 깨닫게 됐다. 내가 편히 잠을 자는 것, 숨을 쉬는 것, 아무 고통 없이 하루를 살아가는 것이 정말 감사해야 될 일임을 다시 한 번 느꼈다.

그 모든 것을 다 지켜주시던 하나님께 내가 평소 얼마나 감사의 기도를 올렸는가를 생각해보면 정말 부끄러운 기도밖에는 드릴 게 없다. 항상 지켜주시는 주님을 너무 쉽게 잊고 산 것은 아닌지.

그동안 어려운 일이 생길 때마다 주님께 열심히 기도했다. 그러나 어려움이 해결되고 정상으로 되돌아오면 이내 감사함을 잊어버리고는 내 스스로가 잘한 덕분이라고 생각하지 않았던가 싶다. 그런 많은 일들이 생각나 무척 부끄러웠다. 간절히 기도한 일들이 이루어졌을 때에도 몇 달 지나지 않아 잊어버리고는 감사의 기도를 드리지 못한 적이 너무나 많았다.

다른 사람들로부터 도움을 받았을 때에도 그 당시에는 감사함을 느끼다 얼마쯤 지나고 나면 그 사실을 잊어버리고 살아가지 않았던가. 부끄러운 마음만 가득하다.

감사함을 잊고 살아가는 일이 많은 요즘 세상에 슬픈 이야기를 하나 소개하고자 한다. 지방 도시에 살고 있는 어느 장애인 이야기다. 이분은 어렸을 때 소아마비를 앓아 왼손과 다리를 잘 쓰지 못하는 중증 장애인이다. 몇 년 전 남편을 여의고 아들과 같이 살고 있다. 남편이 별안간 세상을 떠나자 대학생 아들의 학비와 생활비를 벌어야 했던 이분은 고민 끝에 구청에 장애인을 위한 임시 일자리 제도가 있다는 말을 듣고 지원해 시험에 합격했다. 노인들을 위해 식사를 배달하는 일이었다.

어느 추운 겨울날, 점심에 아들과 함께 피자를 배달하던 중이었다. 어느 할머니 댁에 찾아가 "점심 배달 왔습니다!" 하니, 할머니가 문을 열고 나와 피자를 받으며 이렇게 말했다.

"왜 이렇게 식은 피자를 가져왔어! 나는 피자도 싫어하는데, 더군다나 식은 피자는 도저히 못 먹겠다!"

할머니는 차가운 땅바닥에 피자를 집어던졌다. 모자는 심한 모욕감을 느끼고 눈물을 흘리며 차가운 땅 위에 버려진 피자 조각을 주워 모았다. 감사할 줄 모르는 분에게서 한없는 상처를 받고 집으로 돌아온 후, 다음 날 구청에 가서 사표를 냈고 결국 그 직업을 그만두었다는 슬픈 이야기다.

할머니가 "이왕 줄 거면 좋은 것으로 주고, 또 따뜻하게 가져와야지! 나도 한때는 잘나가던 사람이었어!"라고 외치던 그 목소리가 지금도 귓전에 생생해 잠을 자다가도 가끔씩 깰 정도라고 한다. 장애인이 아들과 함께 살아보겠다고 고생하는데, 수고 많다는 격려나 고맙다는 말 한 마디 건네기는커녕 그렇게 모욕적인 소리나 해대니 받은 상처가 너무 컸던 것이다.

구청 복지과에 근무하는 공무원들도 이와 비슷한 이야기를 많이 한다. "겨우 이거야?", "좀 더 좋은 거 없어?" 등의 말을 들을 때마다 "감사합니다" 한 마디만 들어도 더 큰 보람을 느낄 텐데……하고 생각한다고 한다. 지나치게 권리만 주장하고, 감사함을 잃은 사람이 그만큼 많다는 얘기다.

태국에서는 스님들이 지나갈 때 사람들이 나와서 쌀과 밥, 과일 등을 시주한다고 한다. 스님은 절을 받으면서 당당하게 지나간다. 그것이 "내가 공양을 받아가는 것은 오히려 나로 하여금 너희 중생에게 자선할 기회를 더 주는 것이니 고맙게 생각하라"는 불교의 가르침과 일치하기 때문이라고 한다.

그러나 기독교는 감사함을 중요하게 가르치고 있다. 도움을 받으면 반드시 감사해야 한다고 가르친다. 특히 하나님께서 베푸신 은혜를 잊지 말고 자손들에게 가르쳐 꼭 기억하게 하라고 한다.

우리를 죄에서 구원해주신 그리스도의 은혜, 그리고 그 아들까지 우리에게 주신 하나님의 사랑에 대해 감사를 잊지 말고 그분께

영광을 돌리라고 가르치고 있다.

오늘도 일용할 양식을 주신 하나님께 감사를 드리며, 우리를 항상 지켜주시는 성령 하나님께 감사 기도를 올린다.

지금이 국가를 위해 기도할 때다

　얼마 전 북한의 포탄이 우리 영해로 떨어졌다. 그런가 하면 북한의 무인 정찰기가 청와대와 경복궁 등을 촬영하고 추락했다. 북한이 소형 핵폭탄 실험을 한다는 보도도 나왔다. 정말 어지러운 뉴스들이다.

　TV에는 어느 학자가 나와 북한이 미국을 공격할 수 있는 장거리 핵폭탄을 개발한 후, 한국을 소형 핵폭탄으로 공격하더라도 장거리 핵폭탄이 두려운 미국이 참전하지 못하게 해 통일을 이루려는 것이 북한의 목적이라고 이야기한다. 나만 해도 한국전쟁을 겪은 세대라 무섭다는 생각이 앞선다.

　몇 해 전 젊은 엘리트 직원이 내게 한 이야기가 생각난다.

"사장님, 북한이 핵 개발을 한다 해도 설마 그 핵폭탄을 동족을 향해 쏘겠습니까? 아마 미군기지만 쏠 겁니다. 그리고 북한이 무슨 능력으로 핵폭탄을 개발했겠습니까? 핵 이야기는 일부 보수 꼴통들의 추측일 뿐이니 아무 걱정 마십시오."

당시에는 딱히 답변을 하지 않고 듣고만 있었는데, 이제 핵 공포가 눈앞에 닥치니 그 직원의 말이 당황스럽게 느껴진다.

국정원이 서류를 조작하여 시청 공무원에게 간첩 혐의를 씌움으로써 인권과 법률을 어겼다는 사건 보도도 있다. 그런데 미국도 안보를 위한 수사는 민간 부분과 차별된다. 우리보다 더 심한 인권 침해가 뉴스에 나올 정도다. 국가 안보를 위해서는 스파이와 국민을 서로 다른 잣대로 판단한다는 생각이 들었다.

군대의 일도 자주 뉴스에 나온다. 지금 우리는 휴전 중인데 전쟁의 최전선에 있다고 볼 수 있는 국정원과 군대를 인권이라는 잣대로만 치우쳐 판단하면 우리나라의 안보에 어떤 영향을 미칠까도 생각해보아야 하지 않을까. 간첩 혐의를 받고 있는 사람의 인권은 물론 중요하다. 그러나 만약 국가 안보에 이상이 생길 수 있다면 국민 5천만 명의 인권도 중요하다는 생각이 든다.

오늘도 안보가 걱정되고 포탄이 무서워 하나님께 기도를 드렸다.

목적대로 쓰임 받는 크리스천

"역사를 주관하시는 하나님, 이 땅에 전쟁이 없게 하여주시옵소서. 하나님의 종들이 많은 이 땅에 평화를 주시옵소서."

간첩 혐의를 받고 있는 공무원이 어떻게 취업을 했으며 누가 추천했는지 등에 대해서는 뉴스에 나오지 않는다. 천안함 폭침이 북한 소행이 아니라고 하는 의견도 20~30%라고 하니 더욱 불안하다. 문득 남북이 평화 통일이 되어서 선거를 치르게 됐을 때 민주 세력이 집권할 가능성과 공산 세력이 집권할 가능성이 얼마나 될지 곰곰이 생각해보았다.

캄보디아에 공산 정권이 들어섰을 당시, 약 300만 명의 지식인을 모두 죽인 것을 생각하니 무섭기까지 하다. 당시 캄보디아에 의사가 800명 정도 있었는데, 750명은 살해당하고 50명만 살아남았다는 공식 자료를 보고 놀란 적이 있다.

최근 주식 시장을 보면 이런 불안한 동향에도 별 영향이 없는 듯 보인다. 달러 가격은 오히려 약세다. 우리 국민은 도대체 무엇을 믿고 이렇게 무사태평인 것일까? 우리 정부인가, 군대인가, 대통령인가, 아니면 미국인가. 그러나 나는 믿는 것은 오직 하나님뿐이다.

이럴 때 우리는 더욱 하나님께 매달려야 한다. 나라를 위한 기도를 해야 한다. 교계는 하나가 되어 하나님의 나라와 그의 의를

목적대로 쓰임 받는 크리스천

구하고, 이 땅의 평화를 하나님께 구해야 한다. 군대도, 정치인도, 미국도 중요하지만 우리 하나님 이외에 이 땅을 지켜주실 분은 없다. 이제 매일 빠지지 않고 합심해 기도하자. 신앙이 없는 사람일지라도 나라를 위해 기도에 참여하자.

"북한 동포들을 고난에서 지켜주시옵소서. 이 땅에 전쟁이 없게 하여주시옵소서. 그리고 나라의 살림을 맡고 있는 모든 분들이 국가를 잘 이끌어갈 수 있게 해주시옵소서. 우리에게 두려움을 없애주시고, 하나님의 큰 날개 안에 우리를 품어주시옵소서."

쓰레기 매립장의 붉은 호박

연휴 때 나오시마 섬에 있는 미술관을 방문했다.

나오시마 섬은 제련소 때문에 공해 문제가 있던 어촌이었다. 그러다 오일쇼크 이후 제련소 경기가 침체되더니 주민들이 하나 둘 섬을 떠나기 시작했다. 그렇게 나오시마 섬은 점차 쓸쓸한 섬으로 변해갔고 어느덧 쓰레기 매립지가 되어 폐허의 섬이 되고 말았다.

이때 한 기업이 청소년 수련장과 직원 연수원으로 쓸 목적으로 섬의 25%가량을 매입했다. 그러다 '이 섬을 문화관광지로 만들자'는 자문위원의 의견을 들었고, 저명한 건축가인 안도 다다오에게 섬 전체의 설계를 의뢰했다.

안도 다다오는 지중미술관과 베네세 그룹의 미술관 겸 호텔을

디자인했고, 그룹은 펀드를 만들어 자금을 준비했다. 안도 다다오는 세계적인 미술가들과 연대해 폐가 몇 채만으로 작품을 만들었다. 빨간 호박 한 개와 노란 호박 한 개를 해안가에 세웠는데, 이것이 전부였다. 그리고 국제미술제라는 이름으로 축제를 기획했다.

이 축제는 크게 성공했고 이를 계기로 섬을 떠났던 주민들이 하나 둘 되돌아오기 시작했다. 스스로 집을 개조하여 카페를 만들고 식당을 만들고 집을 단장했다. 지금은 인구 4,000명이 살고 있으며, 해마다 60만 명에 이르는 관광객이 이 섬을 찾게 됐다. 그 여파로 섬 주변의 군소 마을에서도 호텔, 식당 등이 호황을 누리게 됐고 나오시마 섬은 죽었던 마을에서 살아 있는 마을로 탈바꿈되었다.

한 사람의 예술가와 하나의 기업이 성공적인 희망의 스토리를 만들어낸 것이다. 이처럼 예술이 갖는 힘은 정말 크다. 또한 이것을 인간의 삶에 구체적으로 연결시킨 기업의 힘 또한 감동적으로 다가왔다.

안도 다다오의 작품이라는 건물 앞에 많은 사람이 줄을 서 있었다. 나도 관람을 위해 한 시간을 기다렸다 들어갔다. 건물 내부는 온통 캄캄한 어둠 속이다. 아무 것도 보이지 않는다. 안내인이 마지막에 무언가 보인다고 한다. 그래도 깜깜한 미술관 안에서는 아무 것도 보이지 않았다. 결국은 아무 것도 못 보고 나왔다. 누군가는 희미한 숫자를 보았다고 하는데 나는 아무 것도 보지 못했다.

밖으로 나온 후 '예술이란 이런 것인가' 하는 생각이 들어 크게 웃었다. 솔직히 현대 미술은 잘 모르겠다. 그러나 예술 자체가 인생을 다시 돌아보고 삶을 이야기할 수 있는 것이기에 내가 느끼는 게 전부는 아닐 것이다.

한국에도 이런 작품을 하는 작가들이 있다. 그러니 우리나라에서도 한 번쯤 폐허나 탄광 지대, 섬 등에 이런 작품을 만들어놓고 세계인을 불러 모으는 행사를 해보면 어떨까. 각 지자체가 청사를 지을 정도의 돈만 있다면 이런 일도 충분히 할 수 있을 테니 말이다. 여기에다 뜻 있는 기업들도 발 벗고 나선다면 더욱 좋을 것 같다. 물론 '재벌이 땅 투기한다'는 말이 나오지 않을까 두려워하는 기업도 있기는 하겠지만 말이다.

점점 테마가 있는 삶이 중요해지고 있다. 이해되지 않는 미술품을 보며 열광하는 사람들에게 하나님의 진리를 삶의 테마로 제공한다면 얼마나 값어치 있는 일이 되겠는가 생각해본다. 기독교 예술인들과 기독교 기업인들도 한 번쯤 검토해볼 가치가 있는 일이다. 처음부터 거창하게 할 필요는 없다. 능력껏 작은 일부터 시작

하는 것이 현실감이 있다.

우리의 역사인 순교자들의 삶, 이 나라를 개화시킨 기독교 선교사들의 삶을 테마로 제시한다면 한국을 찾는 모든 이들에게 감동을 줄 수 있겠다는 생각을 해 보았다. 기독교 성지에 예술의 혼을 불어넣어 하나님의 뜻을 전달하고 하나님을 기쁘게 하는 일을 해 보면 어떨까. 종교와 예술의 결합이 침체된 지역에 새 생명을 불어넣고 발전에 도움이 되어줄 것이다.

"하나님, 우리에게 아름다움을 발견하고 느끼고 생산하는 능력을 주시고 이를 통해 세상을 아름답게 만들어 주옵소서."

폐허의 섬에서 생동감 넘치는 섬으로 탈바꿈한 나오시마 섬을 빠져나오며 나는 이런 기도를 드렸다.

제가 바로 '게이'입니다

미국 앨라배마 주의 한 교회에서 있었던 일이다.

앨라배마에는 한국유나이티드제약의 공장이 있어 자주 출장을 가게 되는데, 그럴 때마다 업무차 앨라배마 주 정부의 재정장관을 가끔 만나곤 한다. 앨라배마 주의 큰 교회에 출석하던 그와 신앙적인 대화를 하다 우연히 놀라운 이야기를 듣게 됐다.

그가 다니는 교회에 게이 몇 사람이 새 교인으로 출석했다고 한다. 처음에 성도들은 안타까운 마음에 그들을 잘 대해주었다고 한다. 그러자 점점 그 수가 늘어갔고, 3년 정도 지나고 나니 너무 많아져 교인들은 약간 불쾌한 생각이 들었다는 것이다.

게이들만의 문화가 있다 보니 뭔가 악수하고 대화하기가 꺼려졌다고 한다. 그리고 그 수가 더 늘자 결국 교인들이 그들에게 이제 다른 교회로 나가 따로 예배를 드릴 것을 정중히 부탁했다고 한다. 자칫 동성애자 성도수가 기존 성도들을 앞지를 수도 있다는 생각이 들었을 것이다.

그러자 분쟁이 일어났다. 무슨 권리로 교회를 나가라고 하느냐는 것이었다. 교인들은 목사님께 정식으로 이 동성애자들을 못 나오게 해달라고 부탁했다고 한다.

교인들은 목사님의 단호한 결정을 학수고대했고 그렇게 몇 주가 지났다. 드디어 목사님이 발표를 하겠다고 했다. 예배가 시작되자 목사님이 말을 꺼냈다.

"여러분, 동성애자들을 미워하지 마십시오. 하나님은 그들을 사랑으로 대해줄 것을 원하십니다. 그리고 말씀드릴 것이 한 가지 더 있습니다. 저도 동성애자입니다."

교인들은 경악했다. 목사의 이야기가 이어졌다.

"여러분, 게이를 사랑으로 품지 못하는 분들은 이 교회를 떠나주십시오."

목사님의 선언에 경악한 많은 교인들이 교회를 떠났고, 새 교회를 지을 능력도 없어 이 교회, 저 교회로 떠돌아다니고 있다고 주장관은 울먹이며 이야기했다. 나는 이런 경우가 다른 교회에도 있느냐고 물었다. 그랬더니 미국에는 꽤 많다고 대답했다.

몇 년 전인가 한 목사님과 저녁 식사를 하던 중 우연히 게이 문제가 언급됐다. 그 목사님의 교회에는 동성애 문제로 고민하는 신도들이 있다고 한다. 그래서 자신은 그들의 고통을 이해하여 그들을 위해 기도해주고, 상담해주고, 위로해주고 있다고 이야기했다.

나는 "구약과 신약 성경에서 동성애는 아주 악한 일이라고 경계하고 있는데 목사님 생각과 좀 다르지 않느냐"고 질문했다. 목사님은 "그래도 그들이 너무 불쌍해서 못 견디겠다"고 이야기하고는, "하나님은 사랑이시다"라고 강조하셨다.

나는 다시 "성경 말씀이 하나님 말씀이고 성경에 그들을 사랑하라고 말씀한 구절이 없는데 왜 그렇게 생각하느냐"고 물었다. 그러자 목사님은 화를 내면서 "내가 성경학 박사인데 왜 성경 이야기를 하느냐"고 언성을 높이셨다.

나도 기분이 언짢아졌다. 그래서 "목사님은 하나님의 종인데 하나님 말씀에 따라야지, 인간적인 감정에 따라 생각하는 것은 지양해야 하지 않겠느냐"고 이야기했다. 목사님은 화를 내며 자리를 박차고 일어나셨다. 나는 어리벙벙해졌다. "그들이 헌금을 많이 해서 그렇게 옹호하시는 것 아니냐"고 되묻고 싶었다.

미국에서는 게이들이 교회에 헌금을 많이 낸다고 한다. 대부분

목적대로 쓰임 받는 **크리스천**

전문직이라 지식인과 부자가 많다고 한다. 그러나 하나님 말씀은 단호하시다. 그들이 교회에 나와 회개하고 나쁜 습관에서 벗어날 수 있도록 하는 치유의 은사가 있었으면 좋겠다.

목사님이 이를 위해 기도를 한다면 이해가 되지만, 불쌍하다는 이유만으로 그들을 사랑하라고 하는 것은 비성경적이라는 생각이 든다.

그들이 회개하고 옛 습관에서 벗어나 하나님의 자녀가 되었으면 한다. 지금 국회에서는 동성애자를 위한 법 개정을 추진하고 있다. 기독교계에서는 반대 운동을 하고 있다. 그러나 일부 목사님들은 법 개정을 위해 목소리를 높이고 있으며, 동성애자들도 시위를 하고 있다.

하지만 세상이 바뀌어도 성경 말씀은 일점일획도 바뀌지 않은 채 우리 신앙의 기준이 되고 있다. 말씀 이외에 인간의 감정적인 판단은 하나님의 뜻을 왜곡할 수 있다고 생각한다.

"하나님, 우리의 참된 신앙을 말씀 위에 바로 서게 하여주시옵소서!"

화려한 미사엔 두 명의 백발노인만

　기독교 신앙의 진원지인 유럽의 성당들은 화려하고 웅장했다. 체코의 프라하는 온 도시가 성당들의 위용으로 가득 차 있었다. 곳곳의 대형 성당들은 옛 신앙의 열정을 그대로 간직한 채 아름다웠다.

　헝가리의 성당들도 다른 유럽 국가들과 마찬가지로 규모가 정말 컸다. 헝가리의 부다페스트를 여행하던 중 부다페스트 최대의 성당이라는 성 스테판 성당에서 미사가 있다고 해서 일부러 찾아가보았다. 얼마나 많은 교인이 미사에 참석하는지 보고 싶었다. 그런데 막상 시작되고 보니 참석자는 백발의 신도 두 명뿐인 쓸쓸한 미사였다. 그래도 하나님은 기쁘게 미사를 받으실 거라는 생각이 들었다.

유럽의 교회와 성당은 모습은 화려하고 웅장하나 대부분의 교인이 이미 떠나고 없는 빈 둥지 같은 모습을 하고 있었다. 인간의 자유와 이성이 지배하는 인본주의적 신학이 휩쓸고 간 이곳에 믿음은 흔적만 남기고 사라져버린 것이다.

그리고 그 자리에 부처의 모습이 새로이 등장했고, 검은 옷을 입은 이슬람 사람들의 눈동자만 빛나고 있었다. 도대체 무엇이 잘못된 것일까. 독일의 한 세계적인 호텔 벽에는 온통 부처 그림이 깔려 있었으니 이게 어떻게 된 일인지 모르겠다. 슬픈 마음을 가눌 수 없었다.

웅장해서 더 쓸쓸해 보이는 성 스테판 성당을 빠져나오면서 우리나라의 형편은 어떤지 생각해보았다. 보수적인 신앙이 지배하던 시기의 미국 교회 선교사들이 신본주의 신학을 이 땅에 전했고, 우리는 그 신앙을 받아들여 뜨거운 신앙심으로 한국 교회 성장의 발판을 만들었다. 세월이 지나 미국의 신학이 자유 신학으로 변하고 신학교들도 인본주의 학자들의 무대가 되자, 변한 신학이 다시 한국에 들어왔다. 에큐메니컬 운동이 시작되고 장로교는 보수와 자유로 나뉘고 신학교도 마찬가지로 나뉘게 되었다.

그러나 초창기 목사님들은 보수 신학을 이미 배우신 분들이었

쓸쓸한 미사

목적대로 쓰임 받는 크리스천

고 연합체만 자유 신학 쪽으로 갔기에, 우리 신도들은 계속해서 신본주의 신앙에 흔들림 없이 곱게 성장해 왔다. 그러나 이제는 새로이 자유 신학을 배운 젊은 2세대 목사님들이 강단에 서고, 1세대 목사님들은 점점 은퇴를 하시니 신앙의 마찰이 일어나는 것이다.

자유주의 신학은 인간의 이성으로 이해되는 것만 믿는 사람 중심의 신학이다. 그러나 이 신학은 이미 유럽에서 그 실체가 입증된 신학으로, 사신신학(the death of God theology)이라고도 부른다. 그런데도 우리 땅에서는 위력을 떨친다. 보수 신학이라고 자부하는 신학교에서조차 일부 인본주의 신학을 가르치는 교수들이 신학생들에게 존경을 받고 있다. 신학이 혼합되어 간다.

이 땅에 정말 하나님이 기뻐하시는 신학과 열정을 가진 목회자가 나와서 한국 교회의 등불이 될 뿐 아니라 저물어 가는 기독 세계에 새로운 성령 운동을 일으키길 바란다. 영국의 웨슬리 목사님이나 칼뱅과 같은 분이 이 땅에서 탄생하기를 간절히 기대해본다.

세계는 지금

장학금 전달식 때문에 베트남을 찾았다. 불과 몇 년 사이에 베트남의 거리는 완전히 바뀌어 있었다. 전에는 좁기만 하던 길이 뻥 뚫린 대로로 변했고, 거리의 불빛은 화려했다.

눈부신 경제발전이 꼭 하루가 다르게 변해가던 1980년대의 우리나라를 보는 것 같았다. 베트남 사람들의 의식도 많이 바뀌어가고 있다. 게으르고 공짜 좋아하던 그들이 이제는 일하지 않으면 안 된다는 의식으로 급속히 바뀌어 가고 있다.

경제 성장에 대한 희망은 높은 교육열로 나타났고, 이제는 호텔에서도 영어가 통하는 정도가 되었다. 이 모든 게 불과 10년 만의 일이다. 지난주 중국에 갔을 때도 마찬가지였는데 모든 게 너무

발전하여 우리가 추월당하지 않을까 하는 위협감마저 느껴졌다.

사실 동남아 모든 국가의 목표의 핵심은 경제 성장이다. 모두 힘을 합쳐 세계적 기업을 만들어 국가를 부흥시키고 국민의 생활을 윤택하게 하고자 하는 것 말이다.

한국에서는 복지, 이념 해결, 그리고 기업인에 대한 거부감이 경제민주화라는 개념으로 포장돼 국민의 호응을 얻고 있다. 다른 나라들은 똘똘 뭉쳐 세계화로 달려가는데 우리나라의 기업인들은 기업정신을 잃은 채 배임죄에 얽매여 기업 확장을 두려워하고 현상유지만 하는 기업 정책을 펴고 있다. 이래서는 안 된다. 우리는 다시 도전정신으로 무장하고 뛰어야 한다.

다른 나라들은 초일류기업을 꿈꾸며 국가와 기업이 하나가 되어 세계 시장에 뛰어들고 있다. 중국 제약산업의 경우 국가가 일단 지원을 해주고 기업이 세계적 수준에 이르지 못하면 문을 닫게 하는 시책을 쓰고 있다. 그러다 보니 무서운 속도로 앞서 나가고 있다. 의약품 원료는 이미 세계 시장을 점령했고 완제품도 세계 수준으로 끌어올리고 있다.

우리의 제약산업은 지금 리베이트의 윤리 문제로, 그리고 고급 인력 유입의 실패로 외국기업에 종속되어가고 있다. 벌써 외국 의약품이 30%를 넘고 있다. 이제 국내시장도 다 내어줄 지경이다.

의약품 관련 기계는 품질이나 가격 면에서 이미 중국에 뒤떨어져 영세성을 면치 못하고 있고, 한국에서도 어려운 지경이다. 다른 분야의 의료산업에서도 중국의 추격이 숨가쁘게 이어지고 있다.

외국 증권회사 간부들의 이야기를 빌리면 중국의 자본력은 이미 대기업인 삼성과 현대의 경영권까지 넘볼 정도라고 하니, 중국에 대해 한국에서 보는 시각과 세계에서 보는 시각이 달라도 너무 다르다. 이런 상황에 복지와 이념논쟁만이 우리의 갈 길은 아니라고 생각된다.

종교는 또 어떤가. 몇 주 전 중국 신학생들에게 강의한 일이 있었다. 목숨을 걸고 예수님을 부르짖는 그들의 눈동자에서 열정적이었던 1970년대의 우리 신앙 모습을 찾아볼 수 있었다. 오직 예수만 외치는 그 목소리는 사회봉사와 헌금을 외치는 지금의 우리 강단과 너무 큰 차이가 있었다.

우리 교회는 지금 무엇을 향하며, 어디로 가고 있는가. 성미로 생활하며 가난 속에서 오직 주님만 의지하던 옛날 교회 목사님들의 모습이 떠오른다. 점심을 굶고 수돗가에서 냉수로 배를 채우던 전도사님들은 이제 정년이 되었다. 그분들은 현재의 목회자들을 바라보면서 어떤 생각이 들고 어떤 말씀이 하고 싶을까.

찬송가 대신 CCM으로, 말씀의 순종 대신 목회자께 순종을 말

하는 목회자, 그리고 강단에서 '십일조 떼어먹은 도적놈들아' 라고 설교하는 목회자를 보면서 왠지 이건 아닌데 하고 생각하는 교인들이 많을 것이다.

너무 십일조를 강조하여 교회에 나가기 싫다는 옛 친구의 이야기를 들으면서 씁쓸한 느낌이 들었다. 십일조를 안 내면 교인 자격을 안 준다는 목회자도 있는 모양이다. 어떤 교인은 이런 문제로 목회자에게 항의하고 큰 말다툼을 벌이기도 했다 한다. 분명 지금 뭔가가 잘못되어가고 있다는 생각이 든다. 전도는 교인 수를 늘리는 목적이 아니라 영혼을 구하는 전도로 바뀌어야 한다.

그러나 '이런 일을 누가 할 수 있는가' 생각하니 내가 할 수 있는 일은 너무 적다. 나부터 하나님의 나라와 그의 의를 구하는 기도밖에 드릴 것이 없다. 참으로 힘이 없는 나 자신을 돌아보면서 그래도 최선을 다해 하는 데까지 해보자는 결심을 해본다.

이제 두려움을 떨쳐버리고 과감한 설비 투자와 연구 투자를 하여 내가 시장에서 중국과 미국을 이기는 기업을 만들고 모든 것을 하나님께 맡기고 달려보자. 그리고 최선을 다하다 안 되면 그것으로 만족하자는 생각이 든다. 하나님이 함께하시면 모래알만 한 것이라도 이룰 수 있을 것이다.

내가 모세와 함께했던 것처럼 너 여호수아와 함께하겠으니 두려워하지 말고 강하고 담대하라는 하나님 말씀에 힘입어 다시 한 번 용기를 내어 담대히 행하자고 결심하는 아침이다.

세계는 지금 엄청난 속도로 뛰고 있으나 나는 하나님과 함께 더 높이 뛰어오르고 싶다. 모든 우리 기독인들도 함께 뛰어오르자. 하나님이 함께하실 것이다.